说出灿烂人生

冯殊 著

跟著名主持人 学沟通

BEIjing United Publishing Co.,Ltd
北京联合出版公司

附赠冯殊老师"如何说出好声音"9堂视频课

　　每个人都希望自己能拥有一个具有魅力的好声音，可受控于自身条件等方面的限制，我们的声音或多或少都存在一些问题。那么，怎样练就迷人的声音、说出自己的好声音？其实是有一些方法和技巧的。下面著名主持人，先后主持中央电视台《新闻联播天气预报》《时尚科技秀》等节目的冯殊老师就跟大家分享一些简单易学的练就"好声音"的技巧，以及日常工作、生活中的说话之道。好声音才有大魅力，普通人也能练出主播好声音。

找到属于自己的好声音

深呼吸训练

"啊"声训练

气泡声带马萨基

声音的温度和情感

控制好情绪，多用实声

语言的节奏和气息

提颧肌，让语言
铿锵有力

临时发言，该怎么说

　　▶ 拿出手机扫一扫上方的二维码，
即可观看冯殊老师示范的如何说出好声音视频

三年学说话，一生学闭嘴

冯殊老师是个说话天才。

我第一次见到他时，朋友介绍，他是个主持人，主持一档非常火爆的节目，几乎全中国人民都看过。

我说，难道是《新闻联播》？

他笑了笑，说，叫《天气预报》。

我也笑了笑，说，如果没有前面的，可能收视率更高。

一般人在我这套玩笑话面前，可能就没法接话了，但冯殊老师不一样，他是个说话天才，他说：无论收视率高还是低，只要你看了就够了。

　　我很少见到一个人台前台后都具备很强的影响力，从话语间能透出感情，文字里能渗出力量。

　　我这人也喜欢说话，但每次跟冯殊在一起，就只剩喝酒的命，他说我听。

　　他声音好听，抑扬顿挫，还总能讲到人心坎上，有时口若悬河，有时滔滔不绝，有时侃侃而谈。

　　这些年，每次见他，都很希望能和他一样，能说会道，但可惜，也只能在纸上耍耍嘴皮。好在他没有想过把自己说的话写下来，我们还能有好日子过。

　　终于有一天，我鼓足勇气，向他讨教说话之道。虚心谨慎，连敬三杯。

　　他喝完三杯，看了我一眼，又盯着杯中的酒，许久不说话。

　　我吓了一跳，不知是哪句话又说错了，还是喝的不够多。

　　于是我自己又喝了一杯，再问他：到底有没有诀窍？

　　他说，我正在告诉你说话的诀窍，诀窍如下：说话的最高境界就是——不说话。

　　我差点摔倒在桌子底下。

　　接着他缓慢地说：三年学说话，一生学闭嘴。

　　这句话直到今天，都是我的人生智慧。

　　但直到有一天，我接到了他的电话，他告诉我：尚龙，我准备写一本书，来毫无保留地分享自己的说话之道。

我吓了一跳，说，不是说不说话才是人生智慧吗？

他笑了笑说，该说的时候说，不该说的时候不说。我写的，是该说的时候。

他又说，我先发你看看。

就这样，在几天后，我惶恐地打开了作品，仔细一看，心想，坏了，这家伙如果杀到我们写作圈，可真不是件好事。

但好在，我也能从这本书里重拾说话之道，说不定有一天，我也能做个好的主持人。

推荐这本书。

是为序。

李尚龙

——《你只是看起来很努力》等百万畅销书作家

考虫网联合创始人

人生开挂，从会说话、说好话、说话好开始

大家好，我是冯殊。可能各位更多地看到我，是在每天中央电视台综合频道《新闻联播》结束之后的《天气预报》节目中。我要告诉你，我们这档节目，可能是全国电视节目里，需要主持人语速最快的。据统计，我们一分钟最多的时候能播报 300 多个字，怎么样，厉害吧？可以算中国好舌头吧。

其实我做主持人、记者已经十几年时间了，除了天气节目的播报，我还播报过新闻，主持过科技节目，做过财经访谈节目，解说过体育比赛，站上过大型文艺晚会的舞台，还到新闻事发现场进行过采访报道。这一个个场景的转换，让我深刻地意识到，语言表达和与人沟通，是一件多么重要的事情。

在工作中、在生活里，你有没有遇到过这样的问题：

你的大领导突然来检查工作，面对他的一系列问话，你一时间哑口无言；

年终工作总结，对着众人做 PPT 汇报的时候磕磕巴巴；

当你面对客户推销你的产品的时候，你会发现，他怎么找出了一万个理由来拒绝你；

商务谈判的时候，这个利润的数字怎么都上不去；

而生活中忙碌了一天回到家里，面对父母的唠叨，你却发现越解释越糟糕；

你和女朋友或爱人之间，说不到两句又吵起来了；

聚会中，别人是侃侃而谈，你却怎么也接不上话茬；

在微信群里，因为你的一条语音回复，瞬间就冷场了，你成为了话题的终结者。

其实你特别委屈，因为你知道自己是一个满腔热情、工作能力又很强的人，对人对事特别忠诚仗义，但是因为不会沟通、表达、说话，你会发现怎么升职越来越慢了；朋友也越来越远了；亲人看到我，也感觉更愁了……

以上这些事儿，可能都成为了你目前的焦虑。其实这些焦虑，只是暂时的，也并不可怕，你完全可以通过改变自己说话的心态和方式去解决它。

其实学会好好说话、好好沟通，一点都不难。主要需要做到两点：

1.要想好好沟通,你需要拥有稳定的情绪以及平和的心态

在这样一个快节奏的现代生活中，我们每个人想要的东西都很多，我们恨不得通过很短的时间，去获得很大的收益；我们恨不得每一件事情都有捷径可以走，因此当我们面对一些挫折，或者短暂

困难的时候，往往会显得非常焦虑。

　　这种焦虑就造成了我们心态的不平和。长此以往，在生活中我们就会因为情绪的波动而出言不逊，甚至出口伤人。所以好好说话、好好沟通的第一点，就是要拥有一颗平静的心；情绪平和，就能让你说好话。

2.要想好好沟通，你说的每一句话都要走心

　　语言既是一门艺术，也是一门技术，我们在工作中、在生活中和人打交道的时候，首先要有一颗平和的心，其次我们说的每一句话，每一次沟通，都要走心，这样你的话才能同样被别人听进心里。

　　我们可以回想一下，在我们的生活中，身边的朋友里，有没有这样的人，比如初次见面就表现得跟你熟得不行，称兄道弟的，哥们儿、兄弟，张口闭口的，感觉是和你三生有幸，相见恨晚。这种人就是说话不走心的典型例子。

　　当然还有一种人，不管自己忙不忙，在什么场合，最后结尾的时候、告别的时候，都会说，咱们随时电话，约饭约饭。这样的人你发现，如果你不约他，他这顿饭，你是永远吃不上的。还有一类人，你费尽口舌，噼里啪啦，跟他说了一大堆你项目的情况、你目前公司的情况，结果转头才过了五分钟，他又问，你的公司是做什么的？这样的人，也是典型的说话、沟通不走心的代表。

　　凡是这样的说话、沟通不走心的人，你一定不会真心把他当成你的朋友，大家往往对这种人的评价是——不靠谱。

在我们身边，可能有一些"不靠谱"的人。他们主要是说话做事的时候不走心，没有把别人和别人所说的事情放在心上。

你可以想一想，如果我们做到了说话、做事走心，至少会为自己赢得一个靠谱的评价。别小看"靠谱"这两个字，当你得到别人觉得你靠谱的评价后，你们才可能会有进一步接近和了解的机会。

其实，我们身边也有很多非常靠谱、非常善良的人，但是他们却没能够从别人嘴里得到一个好的评价。这是为什么呢？仔细观察，这类朋友就是没有掌握好说话的技巧。要知道，好好沟通最重要的有两点：一个是心理上，你需要走心，需要用心，需要真心；还有一点，就是说话、沟通的技巧。

我发现，凡是说话、沟通直来直去、不讲技巧的朋友，往往也难以收获一个好人缘。这些朋友他们心里甚至更委屈，他们因为说话、沟通没有技巧而失去了别人真正了解他们的机会。

其实说话、沟通的技巧很简单，不外乎以下几句话，这都是冯叔叔我在十几年的职业生涯还有生活中，通过自己的经验教训总结出来的，是一个个亏吃出来的经验。

赞美的话，认真地说；

批评的话，幽默着说；

别人的隐私不要说；

抱怨丧气的话，不对同事、领导说；

对家人不仅要照顾，还要多一些语言关注；

和朋友多鼓励进步；

和对手多探讨业务；

和生意伙伴多换位相处；

对善良的人说好话，对真诚的人说实话，对虚伪的人说套话，对心术不正的人不说话；

…………

当然，我们在工作、生活中会遇到各种各样的人，所以不可能面对每一类人，都用一种方式去沟通交流，这就需要我们在语言沟通上掌握足够的技巧。

为了便于大家尽快掌握语言沟通的技巧和智慧，我在这本书里，主要从职场沟通、生活社交沟通、语言表达沟通的练习方法和精髓这几方面，跟大家聊一聊怎样提高我们的语言沟通能力。

在职场中如何说话，如何与领导、同事沟通，极大影响着大部分人的晋升之路。因此我会在职场沟通的智慧中，结合一些真实的案例，帮助你在职场中和领导进行高效沟通，通过说话赢得同事的心。如果你是做品牌、做市场，或者营销销售等工作的，我也会结合这些年我在北京大学光华管理学院、清华大学经管学院学习，以及在哥伦比亚大学做访问学者所学课程中的一些思考和感悟告诉你，如何用精准的语言去解读产品，如何和客户进行商务谈判，如何进行营销沟通。

接下来是生活和社交中的沟通智慧。首先很重要的一点是，我们如何和家人进行沟通？在家里面对父母的唠叨，我们应该如何化解？爱人之间如何避免因为鸡毛蒜皮的事儿而吵架？如何和小朋友进行沟通？如何在各种各样的聚会中，既保有自己的个性与原则，又能活跃气氛，交到一些靠谱的、志同道合的朋友，有一个好人缘？又如何通过我们的沟通谈话，判断一个人是不是靠谱？面对业界的"大佬"前辈，又该如何说话，才能得到他们的关注和认可呢？

最后是语言沟通技巧方面一些有针对性的练习方法，以及我总结的我国世代相传的像《论语》《庄子》等经典著作中关于说话的一些内容和我个人的思考解读。

总之，这本书中的例子有很多是冯叔叔自己和身边朋友，特别是一些著名主持人亲身的经历，希望能真的帮到各位。

语言是一门艺术，只有走心，才能散发出真实的力量；同时它也是一门技术，如果你勤奋学习，一定可以成为一个会说话、说好话、说话好的人。功夫不负有心人，好声音可以练，生活中的即兴发言可以练，工作中的演讲、汇报也可以练。通过怎样的法则、技巧让我们的语言更有魅力，都可以通过练习来达成。

俄国作家契诃夫说过一句话：书只是音符，只有说话才是歌。在这样一个竞争激烈又快节奏的社会中，要想在职场中、生活中做到游刃有余，有一副好口才真的很重要，它能为你增加很多成功的机会，也完全可能让你成为一个受人尊敬和喜爱的人。

2020 年 3 月 20 日

目录
CONTENTS

CHAPTER

与领导的
暖心沟通术篇

一、能力强、人缘好的同事升职快

03 CHAPTER

与陌生人的暖心沟通术篇

营销
暖心沟通术篇

日常生活暖心沟通术篇

06 CHAPTER

聚会场所的暖心沟通术篇

如何利用社交工具
迅速扩大人脉篇

08 CHAPTER

人际关系
暖心沟通术篇

09 CHAPTER

跟主持人学说话
魅力声音修炼术篇

临时发言、PPT宣讲
水平修炼篇

11 CHAPTER

怎么说让人印象深刻
公开演讲术提高篇

会说话必备四大素质篇

13 CHAPTER

经典中代代相传的说话之道篇

他们的说话之道

"事父母几谏，见志不从，又敬不违，劳而不怨。"我很喜欢这句话，我看冯殊在书里也写了。我一直告诉年轻人，对于长辈，或者职场中的前辈，不管你觉得他们有什么问题，好与坏，都不要当着别人去评价。和他们交流、说话，内心里要尊重，生活中你细心观察，在他们身上一定有值得你学习的地方。而对于一些你不认同的事情，可以私下与他们谦虚地讨论，如果讨论后你依然不认同，心里留着就好。请大家支持冯殊同学的第一本书。

——水均益（著名新闻节目主持人）

语言是一门艺术，只有你走心，才能散发出真实的力量；同时它也是一门技术，如果你勤奋学习，掌握了一定的技巧，一定可以成为一个会说话、说好话、说话好的人。认真读冯殊的这本书，在如何与人说话、沟通上，你一定会有所收获。

——纪连海（《百家讲坛》主讲人，著名历史学者）

冯殊师弟口齿伶俐、表达幽默、逻辑缜密，如何与人沟通，听他的课、看他的书，没错！

—— 郎永淳（前《新闻联播》播音员，现找钢网高级副总裁）

冯殊是我的好朋友，我很惊讶我大他差不多 10 岁，但却特别喜欢和他聊天，和他聊天好舒服、很暖心，也感叹他的知识面广泛。

作为投资人，有些文化企业的投资，我也会经常问问他的意见。

——许小林（《十点读书》投资人，华盖资本董事长）

冯殊是我大学时光里比较佩服的同学，比起沉浸在小圈子里的我，他很健谈，却从不给人圆滑之感。大概所有人都会觉得他好相处，又从不轻易随波逐流。他是在人群中有独立思考，保持清晰人设的人。和他学沟通，我想不失为一种捷径，希望合上书的那一刻，他为你打开了一扇新的大门，享受灿烂人生吧。

——尼格买提（著名综艺节目主持人）

如果你不具有丰富的内心，只是用语言来包装，那么你的沟通会缺乏一种吸引，一种因为温度的吸引。因此我们要学会沉淀心态，凡事都不要急功近利。当你沉淀了心态，再掌握好沟通的方法，那么你的事业、你的生活，都会快步向前，请大家支持冯殊同学这本书，祝愿各位都拥有灿烂的人生。

——李红（著名新闻节目主持人）

饱含感情、说话走心，你的声音就带有温度，感情会融入到你的声音中。把真情实感融入到声音和语言中，这种情感的调动，对每个人来讲，只要你当时是真实走心的，对方一定能够感受到。用真情，真实地与人说话、沟通，少些套路、少些虚假，沟通并没有那么复杂，用真心换真心，人们都能感受到。请支持冯殊的这本书。

——杨柳（著名主持人，中华文化促进会主持人专业委员会主任，

公益朗读品牌《美声图书馆》创始人）

我认为的会说话是，眼中有物、耳中有声、用脑思考、用心说话、真诚交流、理性思维、感性表达，冯殊就是这样一个人。

——马欣（国家语委语言文字督导专家、重庆大学美视电影学院副院长）

冯殊是主持人足球队我的队友，作为队长和老大哥，场上场下我经常和他们年轻人进行沟通。我认为球场上的有效沟通，有时候就是一个眼神，或者简单的一句："走起来！"就蕴藏了丰富的信息和内涵，你会发现大家在一起踢球时间久了，有些话根本不用多说。而在足球比赛的解说中面对各种场面，解说员随着比赛的发展，说话的节奏、语气、音量、内容有丰富的变化，甚至能让观众感受到的比比赛本身更精彩。其实人生就像一场足球比赛，上半场刚结束，你永远不知道下半场会发生什么，学会有效沟通，能让你的下半场更加从容，请大家支持冯殊这本书。

——刘建宏（企鹅体育总裁，著名体育节目主持人）

与他人关系的和谐，是影响我们幸福感的重要因素之一。说话和表达，是我们与他人沟通、建立良好关系最重要的方式。要获得幸福的人生，获得灿烂的人生，从会说话、说好话、说话好开始。请大家支持冯殊这本书。

——林少（《十点读书》创始人）

在众多出色的主持人中，冯殊是我个人很欣赏的一位。见过他现场的主持，幽默风趣、功底深厚，他善于归纳和总结，学习别人的长处并内化为自己的优势。听他的课、看他的书，等同于学习播音主持专业4年的课程，性价比超高。

——刘媛媛（《超级演说家》第二季总冠军）

人与人之间的交流和经济学里的一些概念有类似之处，当你在一个场合里，你刚开始说一件事时，大家觉得还有一些兴趣，挺新鲜，但是如果整个聚会你都在聊同一件类似的事，或者一直聊你自己，那么每个人对你的兴趣、你带给别人的快乐，就会越来越少。这就是经济学里边际效用递减的概念。希望大家可以通过冯殊这本书学习做一个会沟通的人，拥有一个灿烂的人生。

——林莞娟（北京大学光华管理学院教授）

　　说话需要技巧吗？需要。说话需要套路吗？需要。说话需要跟人学吗？需要。虽然说话是我们天生的一种能力，但是因为会说话而让自己的人生与众不同的人，确实不多。那么，怎么办呢？跟着冯殊学习是办法之一，覆盖生活与职场大部分表达场景，相信你的短板或许恰恰是冯殊的长处，所以，别再犹豫了！一起加油吧！

——宋晓阳（资深媒体人，中国传媒大学副教授，著名新闻评论员）

　　一个好的聊天，它不仅有提问、有交流，而且还要有倾听。你不光要自己说，还要学会听别人说。"兼听则明，偏信则暗"——会听也是一种会说，听取多方面的意见，才能明辨是非；只听信单方面的意见，就会分不清是非。这就是古人的沟通智慧。

——霍小雷（著名少儿节目主持人毛毛虫）

　　在主持人圈里有这样一个规则：不是谁话说得多，他就是优秀的主持人，而是你的话要说得恰到好处。话说得多，失误的机会也就多。所以在这个时候，你少说话、说好话、说准话，反而会带来加分的效果。所以，话不在多，在精，在要说到点子上。看冯殊这本书，做个会说话的人。

——红果果、绿泡泡（著名少儿节目主持人）

冯殊和我是初高中同学、大学校友，在我印象里，他是靠颜值而非"言"值圈粉的。众人皆知，考上传媒大学播音系的，都是万里挑一、能说会道的人。直到读了他的书，内心一惊：原来他居然经历过从不敢说、不会说到言动人心的磨砺过程，所以才会造就今天的名嘴冯殊，这背后到底有怎样的故事？现在想起来，会说话是与人交往的浅表层面，真正打动人心的，唯真心耳。和冯殊交往的朋友，总说他带给人"春风十里，不如你"的感觉。那——冯殊就是那个教你真心说话的人。

——春燕（著名媒体人）

与人沟通是一件挺难的事，我说的话你能听见并不等于你能100%了解我想要表达的全部，那就不能算是有效沟通。作为《养生堂》的主持人，我最主要的工作就是帮助医生把晦涩难懂的医学术语翻译成大白话，降低普通观众的理解成本，只有一听就懂的知识才能够做到快速有效地传播。工作是这样，生活亦如此。冯殊同学在我的印象中一直是高情商的代名词，真诚且善于沟通，我们大家都很欣赏他。如果您也想像他一样，那不妨从读《说出灿烂人生》开始吧！

——刘婧（北京卫视《养生堂》主持人）

　　我常说，释放尊重、耐心和关切，是任何谈话取得成功的前提；但也不尽然，当被坏情绪笼罩时，首要的事是向一个你觉得安全的人宣泄你的痛苦，哪怕发顿脾气，只要最后别忘了表达爱意就好，毕竟，一辈子我们都得有三两个值得珍惜的谈话对象。冯殊就是一个可以让你放心谈话的对象，请支持他的新书。

——兆民（青年作家、编剧，曾任北京广播电台记者，著有《内向者的沟通课》《所谓情商高，就是会说话：日常生活版》等书。）

　　好的语言表达一要有逻辑，二要有色彩。冯殊的这本书深入浅出，为大家找到了一条通向此道的终南之径。希望大家可以从中找到乐趣，找到自信，说出自己的灿烂人生。

——李晓东（著名法制节目主持人）

　　和父母沟通多倾听、多行动；爱人之间的沟通，千万不要讲太多道理，你爱他就好了，用爱解答一切。请大家支持冯殊老师这本书，希望大家都拥有既灿烂又幸福的人生，事业家庭平衡且丰收。

——曾艳淋（新华社音视频部制片人，记者）

　　"会说话"在当下的时代变得越来越重要，不论是拍摄电视剧也好，电影也罢，都是一个团队协作的成果，作为导演要讲究语言的艺术。"会说话"，能让人在团队的协作中顺利地与人沟通，达到事半功倍的效果。请大家支持冯殊同学这本书，做一个会说话的人，让你的人生如魏璎珞一般开挂。

——温德光（《延禧攻略》导演）

我是一个挺会"说话"的人，有3000万人喜欢听我"说话"。我认为"说话"就是，让对方尽可能100%的，了解你想表达的信息和情感，并接受它。冯殊老师不但精通"说话"的艺术，还把"说话"做成了一门学问，值得我们学习。

——程一（红杉资本领投，程一电台创始人）

传媒大学的传家宝——"啊"声训练、气泡声带马萨基、深呼吸训练，冯殊这是把主持人练声的小窍门都告诉大家了。都说未见其人先闻其声，说话的声音让人舒服，更容易给人留下好印象。跟着主持人学发声，应该错不了。

——翟量（浙江传媒学院教授，原《江西新闻联播》首席主播，中国播音主持金话筒奖获得者）

把话说好，这太不容易了。不过至少我们有专业的方法，使你在舞台上、在摄像机前，尽量地显得很会说话。譬如冯殊这个人，我一向认为他在生活中是个讷言的憨厚人，但甫一上台，便完全是另一个人了。

——朱轶（著名财经节目主持人）

自我评估

你是不是一个善于沟通的人？

这本书的开始，我们先来做一个自我说话心态和能力的评估。从以下十个场景，自我评估一下内心的真实反应，看看自己是不是一个善于沟通的人。

❶ 你最近半年内没有和人发生过较激烈的争执。

❷ 你坐飞机或高铁时，会和旁边不认识的人主动聊天，而旁边不认识的人主动找你聊天，你也会和他聊。

❸ 能和父母平和地聊天，对父母的关心、唠叨心里不会不耐烦；和爱人之间很少吵架。

❹ 在和陌生人说话时，你的心理状态是放松、平静的。

❺ 在和领导说话时，你完全不紧张，想说的都能表达出来。

⑥ 面对自己心仪的异性，可以自如地聊天而不紧张。

⑦ 面对自己不喜欢的人找你说话，你也可以跟他交流。

⑧ 对单位的保安、清洁阿姨等与你工作交集较少的人，你也会和他们聊天交流。

⑨ 你遇到临时被领导要求发言，没有出现过一时语塞，不知道该说什么的尴尬场面。

⑩ 你从没有把别人再三叮嘱你不能说的秘密，告诉第三个人。

如果以上十条你能做到六七条，那么你基本算一个比较善于沟通的人；如果你只能做到两三条，那么你可能在生活中并不那么善于沟通。

当然，每个人对于沟通的认知不尽相同，这个测试只是让我们能更加了解自己。

最累人的是好像一直很忙，
别人却不知道你在忙什么

与领导的
暖心沟通术篇

◎ 没有哪一种纷争是用语言沟通不了的
◎ 跟领导暖心沟通的第一心法：不卑不亢，目的明确，
　深呼吸
◎ 跟领导暖心沟通的第二心法：把领导当朋友
◎ 跟领导暖心沟通的注意事项

老板：看看你做的这些没用的东西！

员工：老板，这都是按您的要求做的！

一、没有哪一种纷争是用语言沟通不了的

现代社会经济在飞速发展，新的信息也在不断涌现，因此我们每一天在职场中都可能会获取海量的信息。但是信息越多，可能有的时候也给我们带来了越多的焦虑。这也是一个不断变化的时代，每个行业，几乎每天都在不断地更新迭代。不管是技术上也好，组织构架上也好，商业模式上也好，都在不断地寻求进化。所以，职场已经是一个充满着激烈竞争的舞台，我们每个人都感受到了巨大的压力。

有句话叫作"职场无朋友，只有敌人和对手"。因为这句话，很多人在职场中、在工作中，对身边的人，或者对领导，都有一些战战兢兢，充满着防备。

　　其实有人的地方就有江湖，有江湖的地方就有纷争，**没有哪一种纷争是用语言沟通不了的**。因此在一开始，我想要告诉大家一些职场中语言表达沟通的技巧，去化解这些矛盾。希望职场是一个对你有温度的地方。

　　这一部分的内容，会涉及和领导的沟通；和同事之间的交流；面对客户，如何精准地描述我们的产品，进行营销；面对商务谈判，我们应该如何摆正自己的位置。

二、跟领导暖心沟通的第一心法: 不卑不亢, 目的明确, 深呼吸

　　一说起跟领导沟通、聊天、汇报工作，好多朋友的反应都是打哆嗦。**有的人甚至看到领导就脸红，或者面对领导一张口就口吃，脑子里一片空白。**

　　其实年轻的时候，我也比大家好不到哪儿去。我们可以先回忆一下，自己第一份工作的领导是谁，再回忆一下第一次见到领导时的感觉。如果你还是一个在校大学生，你也可以想想第一次见到班主任时的情形。

　　冯叔叔第一次见到我工作的领导，也就是我们节目的制片人时，可是紧张得满脸通红。当时的领导是一位在业务上精益求精、严厉范儿的大姐姐；而那个时候的我，大学还没有毕业，

说出灿烂人生
——跟着名主持人学沟通

正在实习。我第一次去见这位制片人大姐姐的时候，她正好在跟一位编导聊节目的事。我就在她办公室门口不远处的一个座椅上坐着等。

想着等她们沟通完，编导走了，我才能进办公室去找她。当时初涉职场，我真是一个职场小白。一想到要和自己未来的直接领导制片人大人见面聊天，我浑身上下真的是不自在，坐立不安，一背的冷汗。而我的脑子里，也在不断地想：她见我之后，第一个问题会问我什么，会安排我做什么工作；如果我表现不好，会不会影响我正式加入这个节目组呢？

我们约定的见面时间早就过了，但领导办公室里的那个编导还没有出来。是去敲门询问呢，还是继续在外面等呢？职场小白的我，又陷入了选择恐惧症。就在我左右为难的时候，领导的电话来了，问我怎么还没有到。那个时候的我，着急忙慌的，几乎可以用连滚带爬来形容，冲进领导的办公室，做了一番解释。其实前面那个编导早就走了，只是那个时候我满脑子的官司，根本就没有看见。

所以，在面对领导的时候，我们如何做到心态平和，不卑不亢，缓解自己的紧张情绪，是培养职场沟通智慧的第一步。古代高人练任何武功，都是先有心法，先夯实内功，再学招式。所以和领导沟通的第一条心法，也是最重要的一点，就是心态平和，不卑不亢，释放紧张。

那么如何才能做到真的不紧张呢？下面就和大家分享几个

释放紧张的方法。

1.明确找领导谈话的目的

首先我们要明确这次谈话的目的，究竟是去汇报工作，还是去跟领导报个到，还是拿着文件请他批示，还是去交流心得，又或者是请教有关你在职场上的个人发展前途问题，或者是你想调换部门，等等。

明确了目的，有助于增加你接下来谈话的信心。有了信心，你自然就不紧张了。之前领导第一次找我谈话时，我为什么会紧张，很重要的一点就是，第一次见领导，我并不知道领导究竟要跟我谈什么，是对我的一个考核，还是随便聊聊？

2.不明白领导要找自己聊什么的时候，如何放松

如果你能明确领导跟你谈话的目的是什么，那么你的心里自然就更加踏实了。当然了，如果你遇到像我第一次见领导的那种情形——不知道领导要找自己聊什么的时候，我们也有释放紧张的方法。

那就是你先开口说你已经准备好的东西。你可以从生活中的一些小事谈起，也可以说说领导今天的衣服不错，闲聊几句。或者你见到领导之后，主动向他汇报一件相关的工作，通过聊工作，慢慢地了解他这次找你谈话的目的，这样也有利于你舒缓情绪，进入一个好的谈话场中。这样，就不至于一进入主题时，显得手足无措，没有任何准备。

3.主持人登台前常用的放松法: 深呼吸

另外还有一个舒缓紧张的方法，就是谈话前深呼吸，这也是我们主持人经常用的一个方法。其实我们每次主持节目的时候，登台前都会深深地吸一口气，然后再缓缓地吐气。这样心里就踏实多了。

其实只要有领导在的场合，人心里都会不由自主地紧张，有时候会语无伦次，有时候会出现口误，在这里给大家分享一个在我们主持人中流传了很久的关于口误的段子。

在我们主持晚会的时候，台下坐的都是领导，我们要把领导请上台讲话，讲完话之后，我们要请领导入座。有的时候因为领导在场，太紧张了，主持人可能会出现这样一个口误：感谢某某领导的精彩发言，现在请领导下台。估计说出这句话的时候，那位主持人的心都凉了。

本来一句好好的话——"请领导台下就座"，因为我们紧张变成了"请领导下台"。可见，和领导沟通时，心态上做到平和、不卑不亢、适时释放紧张这三点是多么重要。

三、跟领导暖心沟通的第二心法: 把领导当朋友

接下来我们聊一聊，和领导沟通交流的第二个心法——把领导当成朋友。我们和领导交流沟通之所以会紧张，是因为你

把他看成了你的领导，他永远是高高在上的，你要仰视他；而当面对一个需要仰视的人的时候，我们当然会紧张了。如果**从心态上把对方当成你的朋友，那你就可以跟他平和地对话了。**

如何把领导真正地当成你的朋友呢？

1.多参加有领导在的非正式聚会

第一，尽量多参加有领导在的集体的非正式的聚会。我们在工作中，正式的交流场合非常多。在这样的场合中，你和领导进行对话交流，不可避免地会有一些压力。但如果是部门之间的聚会，或者单位的团建活动、外出活动，或者是和客户、合作伙伴的一些非正式聚会，这时候你和领导碰面，就不会有那么大的压力了。

其实这么做的目的，还真不是讨好领导，而是要经常在这样的非正式的场合，让领导对我们的工作能力和才华多一些了解，慢慢地就更加熟悉了。

从心理学上讲，当你经常在一种非正式的轻松场合见到一个人，你就会不自觉地把对方当成你的朋友。

随着你们越来越熟悉，你以后跟他谈话的时候，也会越来越轻松。所以有领导参加的一些公司的团建聚餐，千万不要偷懒，尽量多去参加。当你真的能从心里把领导当成你生活中的朋友，面对工作，你也就不会有那么大的压力了。

2. 非正式聚会中, 少聊工作, 多聊些领导熟悉的话题

当然在这样的非正式场合的聚会、团建、聚餐中, 会聊天也是非常重要的。该跟领导聊些什么呢? 显然在这种场合, 不太适合跟领导一味地聊工作, 这样, 会让领导觉得, 你在故意显示你特别热爱工作, 故意在表现些什么。

在这种场合下的聊天, 更多的是聊一聊领导家乡的一些特产、风景, 你有没有去过, 去过之后的一些感受; 聊一聊当下的新闻热点; 或者聊一部电影、一本书。这种非正式场合的聊天, 可能比你在办公室里面对领导的一次成功的汇报, 更能拉近你俩之间的距离。

这种场合下的沟通, 就像我们主持人在访谈一个并不那么健谈的嘉宾的时候, 采取的方法往往是先跟他聊一聊和他的生活息息相关的, 或者是他非常熟悉的一些事情。

比如他的家乡在哪里, 他家乡有什么特产、风景怎么样, 自己有没有去过; 或者聊一聊目前最热点的新闻; 还可以聊聊目前正在上映的电影, 等等, 让被采访者迅速放松下来, 让他打开话匣子。这样, 你后面的采访沟通, 就会水到渠成了。

以上就是和领导沟通的两大心法。一个是心态平和, 不卑不亢, 释放紧张的情绪; 第二个心法, 就是从心里把领导真正地当成朋友。

四、 跟领导暖心沟通的注意事项

说完了职场上和领导沟通的两大内功心法，接下来要给大家讲讲我们讲话的技巧，也就是我们练习武功中的招式。其实在工作中跟领导沟通，还真是有很多技巧，比如跟领导工作上的沟通，不在于次数多，也不在于汇报时间长，而在于你说话要有要点，这就需要技巧。

通常领导的事情很多，时间非常宝贵，如果你在跟他汇报的过程中，汇报非常冗长，浪费了他太多时间的话，往往你就不会给他留下好印象。

1. 跟领导暖心沟通的第一注意事项: 锁定他的时间

跟领导沟通的第一个注意事项，就是锁定他的时间。比如今天下午，你发现领导非常忙，但是你有一个非常重要的工作必须在今天下午汇报，那么你就需要锁定他的时间，在沟通前给他发一条短信进行请示，说: 领导，您今天有没有空，我能不能占用您5到10分钟的宝贵时间，简短汇报一下某某项目的进展。

记住了，一定要锁定时间，你要告诉他，我只占用您5到10分钟的时间。通常情况下，领导即便很忙，他也会抽出时间来听你的汇报。

2. 汇报工作时, 一定要用NPHN法则: 言简意赅, 重点突出, 逻辑清晰

通过锁定时间的方法，争取到了和领导面对面交流、汇报

工作的机会后，因为领导很忙，接下来你的汇报一定要言简意赅，重点突出，逻辑清晰。如何在跟领导汇报工作时，做到言简意赅，重点突出，逻辑清晰呢？

在这里，我要跟大家分享向领导汇报工作的第二个招式——NPHN 法则。什么是 NPHN 法则呢？第一个 N 是英文单词 Now，P 是英文单词 Problem，H 是英文单词 How，第二个 N 则是英文单词 Next。这四个单词，构成了我们的 NPHN 法则。

首先我们要简要地向领导汇报目前这个工作的进展情况，这是你要重点说的（Now）；接下来告诉领导这件事情遇到的问题是什么，也就是（Problem）；接下来再告诉领导你目前找到的解决方法（How）；而 Next，就是要告诉领导你未来的工作计划，这件事情将如何推进，在这个环节，往往你就要征求他的意见了。

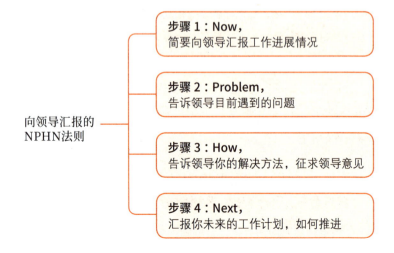

向领导汇报的
NPHN法则

步骤 1：Now，
简要向领导汇报工作进展情况

步骤 2：Problem，
告诉领导目前遇到的问题

步骤 3：How，
告诉领导你的解决方法，征求领导意见

步骤 4：Next，
汇报你未来的工作计划，如何推进

很显然在 NPHN 法则中，中间的两个环节 Problem 和 How
是你需要重点汇报的；而在最后一个环节——Next，你需要询
问领导的意见，他是否认可你刚才说的这种解决方式，他还有
没有更好的解决方法。

当然，NPHN 法则并不适用于所有的工作汇报，比如当领
导已经清楚地知道整件事情的进展，只需要他做一个决定的时
候，那前面几个步骤都可以省略。所以 NPHN 法则是一个完整
的汇报工作的流程，你要根据当前不同的情况，来选择如何去
应用。

3. 在向领导汇报的过程中，一定要学会倾听，倾听和表达同等重要

说完了向领导汇报工作的第二个招式——NPHN 法则，我
们再来说一说第三个招式，那就是在汇报的过程中，一定要学
会倾听。倾听和表达同等重要，倾听和表达不可厚此薄彼。

**在向领导汇报工作的过程中，我们要学会察言观色，随时
观察领导的反应**，特别是在汇报到比较重要部分的时候，领导
是不是有点头回应，或者是语言上的肯定，甚至是眼神的交流
都非常重要，这样你也可以大致判断出你的汇报是不是让领导
满意。

4.双方都不要唱独角戏

当我们说到重点部分的时候，节奏可以慢一些，重点部分

说完也可以停下来，听一听领导有什么意见。在这样的汇报中，切忌唱独角戏。如果你只是陶醉在自己的独角戏中，而忘记了领导的反馈，倾听他的意见，那么你的汇报往往是失败的。

当然还有一些朋友，在和领导交流工作的过程中，恰恰是相反的，领导一个人在不停地说，布置工作，说他对这个项目的看法和项目进展，而这位朋友只是低着头记录、倾听，完全没有积极去回应，说出自己的意见和看法，结果这次谈话变成了领导的独角戏。

这样单纯地只是倾听，不敢大胆发表自己的意见，不敢大胆回应，也可能会让领导觉得你没有自己的认知和主见。

所以，我们在和领导谈话的过程中，要学会倾听，但并不是一味地倾听，所有的谈话都是有来有往，有交流有碰撞，才能创造最大的价值。在领导面前，倾听是为了大胆地说出你的意见。

5. 不要轻易替领导做决策，
要提出两种甚至更多的方案，让领导来选择

接着我们再来说一下注意的点，那就是不要轻易替领导做决策，要在汇报的过程中，提出两种甚至更多的方案，让领导来选择。

一方面，你列出的这几种方案，表明了你对这个项目、这

件工作的付出，你考虑得比较周到，进行了很多的准备。另一方面，让他做决策，也表达了对领导的尊重，因为这件事最后的决策出自于他。

你想想，如果你在给领导汇报工作的时候，只准备了一个方案，而这个方案恰恰是他不认可的，那么接下来的工作你将怎么开展呢？所以准备 A、B 两个方案，甚至更多，才会让自己有备无患。

6. 多说事情的结果，
少说你达成这个结果所经历的困难

最后一点，就是在给领导汇报工作的时候，多说事情的结果，少说你达成这个结果所经历的困难。

请永远记住一点，任何一个领导都喜欢勤勤恳恳埋头苦干的员工，而不喜欢有了一点点成绩，就跑到他这儿来邀功；或者遇到一点点困难，就叫苦连天的人。所以你在汇报工作的过程中，即便是你在达成这个结果的过程中，遇到了很多困难，也只需汇报结果本身，而少提你遇到的困难。

在领导看来，一个员工的人品永远大于他的能力。

在这里给大家分享一个著名企业家的故事，这个企业家的名字我就不说了。这个企业家在成为企业家前，还只是一个企业的中层领导。有一次他遇到了一个个人问题，向他的上级领导去求助，上级领导虽然很想帮助他，但这件事是由另一个领导在分管，就让他去找另外那个领导解决。

　　他就去找了另外那个领导，但那个领导并没有为他解决问题。最后这位企业家是怎么做的呢？他并没有再回去找他的直接领导，而是自己默默想办法，通过其他的途径来解决，不给领导和公司添麻烦。

　　后来他的直接领导知道这件事之后，非常感动。试想一下，如果当时他再回去找自己的直接领导，告诉他另一位领导没有帮自己的忙，势必造成两个领导之间不和。这样也会影响到整个公司的团结。所以在大局面前，这位企业家选择牺牲自己的个人利益，自己默默去解决这件事。

　　这样的员工就是人品过硬的员工，这样的员工哪个领导不喜欢呢？所以要**做一个为别人着想、换位思考、站在领导的角度去思考问题的员工，这样你的职场生涯才会走得更远**。

7. 如果你是一个团队的领导，一定要尊重下属

　　前面，我们讲的是如何和领导，也就是你的上级进行工作汇报、沟通和交流。那么，如果你是一个团队的领导，你的手下有几个员工，你该如何和他们进行简单有效的沟通呢？首先要做到的一点就是尊重，也就是我之前说的，心态上的平等。上级要想真正听到员工对工作、对公司最真实的想法，必须做到尊重。

　　还有一点就像之前我们说到的，员工和领导在非正式场合

的沟通能收获更多一样，如果你是团队负责人，你愿意主动和你的下属在非正式的场合交流，也许你会听到更多、更真实的声音。一位企业家就说过，**有时候一些公司内部你真正想了解的情况，往往来自茶水间**。关于这一点，著名企业家李开复先生就有很多值得我们学习的地方。

　　李开复先生在 2000 年回到微软总部出任全球副总裁的时候，管理着一个拥有 600 名员工的部门。为了更好地了解员工对公司最真实的想法，他想出了一招，就是每周选出 10 名员工，和他们共进午餐。在进餐的时候，他详细地了解每个人的姓名、履历、工作情况，以及他们对部门工作的建议。

　　之前我们说到，跟领导沟通，在非正式场合最容易拉近距离，而这种利用午餐时间的聊天，既可以和员工拉近距离，又可以在轻松的氛围中听到他们对公司最真实的想法，真可谓一举两得。

　　而且李开复先生在每次午餐之后，会立刻给参加午餐的人发一封邮件，总结一下，从大家的交流中，他听到了什么，哪些是现在就可以解决的，哪些是未来可以看到成效的。李开复先生的这一做法，确实给我们很大的启示。

 **总结**

怎样跟领导沟通，让领导更器重

最后我们来总结一下前面所讲的内容。和领导的暖心沟通，我们有两大心法，是什么呢？首先是要心态平和，不卑不亢，要学会释放紧张。第二个心法，是把领导真正当朋友，多多参加有领导在的非正式的集体聚会；少谈一些工作，多谈一些生活，让大家慢慢地彼此了解。这种了解并不是谄媚和讨好，而是让彼此了解后更有利于工作的开展。

另外，我们跟领导沟通有几大招式，第一个是我们要锁定时间，提前告知领导，你会占用他多少时间，获取领导约见的机会。第二个招式就是汇报工作的NPHN法则：Now、How、Problem、Next，要学会言简意赅、重点突出、逻辑清晰地向领导汇报工作。

第三个招式，就是在汇报的过程中，倾听和表达同等重要，不可厚此薄彼。同时要在汇报过程中，和领导形成及时的互动，对领导的一些话语要进行积极的回应，要注意眼神的交流，切忌唱独角戏。另外还有一点，那就是不要轻易替领导做决策，在提出方案的时候，最好准备A、B两个方案，甚至更多，让领导来决策。同时汇报时，多说结果如何，少说你在达成这个结果的过程中所经历的困难，切忌叫苦连天。最后，我们还讲了，如果你是一个团队的领导，一定要尊重下属，多跟下属在非正式场合交流。

职场是一个考验能力的地方，也是检验人品的地方，面对工作、面对领导，我们要多一份用心，少一份功利，这样大家的职场之路，才能走得更远。

冯叔叔精彩问答

如何委婉地拒绝领导安排的，你觉得并不合理的工作

Q　如果领导给你安排了一件你非常不愿意接受的工作，你该如何委婉地拒绝呢？

A　首先你需要考量这件工作的性质，它是不是对于团队很重要，因为你的能力和领导对你的信任才安排给你。如果是这样，即便你个人内心不愿意做，我建议你应该考虑去承担。因为在一个团队里，有时候需要有人先去付出，或者付出更多。如果这个工作给你增加了很多工作量，那你可以先答应下来，然后再和领导商量，你的其他工作可否找人代替。这样一来，你既帮助了团队，又让自己没有那么疲累，也为领导解决了问题。

当然如果这件工作有很多同事都可以做，并非非你不可，你确实非常不愿意做，那么你可以有以下几种拒绝方式：

一种是坦言自己做这类事并不擅长，可能其他同事更擅长一些。

第二种，你可以说你现在手头的工作很忙，也很重要紧急，怕耽误。

还有一种就是，每个人生活中都会遇到一些棘手的事，家里确实有紧急的事情要处理，你可能没有办法同时做领导交代的这件事情。当然了，冯叔叔个人觉得，在工作中，最好不要找家里的事做推托的借口，你还是应该展现你职业的一面，不要让人觉得你没有处理好工作和家庭关系的能力。

其实我觉得，有时候在职场上，接受一些你内心并不喜欢甚至不擅长的工作，对我们自己的成长也很重要。因为凡事并不可能完全顺你的意，如何把不喜欢不愿意做的事情完成得让别人满意，这是一种能力，也是内心的一种修为。

可以把"听明白了吗？"
换成"我说明白了吗？"

CHAPTER

02

与同事的
暖心沟通术篇

◎ 能力强、人缘好的同事升职快

◎ 巧用"三明治法则"，提意见也可以忠言不逆耳

◎ 如何优雅地说"不"：跟主持人学不伤人的拒绝表达术

◎ 和老员工沟通的时候，要注意两点：学会倾听，管住
自己的嘴

把每一句"我不会"
都改为"我可以学"

　　前面我们讲了如何跟领导沟通的两个心法和几个具体招式，一些读者可能会说：冯叔叔，看完你讲的这些内容时，我当时茅塞顿开，觉得学到了很多很多，但回到工作中，面对领导的时候，我还是会紧张，还是有很多话说不好。

　　其实冯叔叔要告诉你，天空飘来五个字"那都不是事"。因为我们每个人都有自己过去成长的环境，在这样的环境中，我们形成了自己相对习惯的语言表达方式、做事方式，甚至是思维方式。你现在已经意识到了，自己在语言沟通上有一些不妥当的地方，那么在之后的生活、工作中，慢慢地用心去改变，你会发现，你的视野变得越来越开阔。

　　前面我们讲了如何跟领导沟通，其实在职场中，你接触最多的人基本就是同事了。你与某些同事接触的时间，甚至比与爱人和父母接触的时间还要多，所以如何和同事进行沟通交流，就显得非常重要。接下来我们就讲讲，如何"说"，让同事为你"抬轿"。

一、能力强、人缘好的同事升职快

1. 为什么你工作很努力，能力也很强，却迟迟得不到晋升

　　这里讲的同事，基本上是你在职场中接触时间最多的人，有的同事你每天接触的时间甚至比与爱人、父母接触的时间还要多，所以如何和同事进行沟通交流，就显得非常重要。

　　我记得我在主持企业家访谈节目的时候，曾经和一个企业家聊过一个问题：**为什么有的员工工作很努力，能力也很强，却迟迟得不到晋升？** 在一个公司里，两个人同时进入职场，一个早早被提拔平步青云，一个却还在原地踏步，这又是为什么？

　　这位企业家告诉我：其实从用人的角度来讲，良好的人际关系非常重要，人际关系代表的是群众基础，就是有多少人认可他。那么，**在能力差不多的情况下，人际关系好的人被重用的概率更大，**因为选择了他，就意味着可能会得到更多人的支持，公司也相对会更加团结。

　　而且人际关系好，意味着他会沟通、懂配合，提拔这样的

　　人，他以后在工作中也能够处理好和上下级的关系。

　　这位企业家可真是一语道破天机，其实这也是很多领导内心真实的想法。我们一周五天都在职场中，而同事又是我们在职场中接触最多的人，那么如何才能获得同事的认可，有一个好人缘呢？

　　其实，从心理学上来讲，每个人都是天生的自我中心者，每个个体都希望别人能够承认自己的价值，都希望别人能够更喜欢自己，能够接纳自己、支持自己；从行为上来讲，希望别人能适应自己、包容自己。

　　所以，**如果你希望得到同事的喜欢和接纳，进而支持你，最简单有效直接的做法，就是你要先去喜欢他、接纳他、适应他，为他做一些事情**。在他有困难、有需求的时候，要尽力真心地去帮助他。如果你能做到先付出，先迈出自己的那一步、两步、三步，甚至更多，你的同事自然而然就会向你靠近了。

2. 人际交往金牌3A原则——你越说，别人越爱听

　　关于如何和同事相处，冯叔叔先给各位出一招，那就是3A原则。什么是3A原则呢？这个3A原则是美国学者布吉林教授提出的人际交往的三个原则。不管你是聊天还是谈工作，掌握3A原则，都会让你越说别人越爱听。那么究竟有哪3A呢？

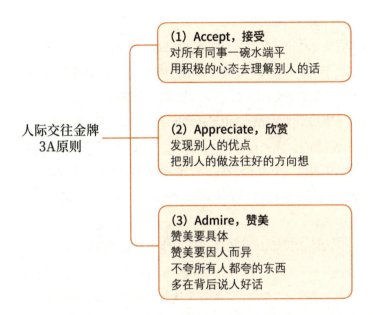

人际交往金牌
3A原则

(1) Accept，接受
对所有同事一碗水端平
用积极的心态去理解别人的话

(2) Appreciate，欣赏
发现别人的优点
把别人的做法往好的方向想

(3) Admire，赞美
赞美要具体
赞美要因人而异
不夸所有人都夸的东西
多在背后说人好话

（1）接受：对所有同事一碗水端平

首先，第一个 A 是 Accept——接受。不管同事是北京人、河南人，还是重庆人，比自己强还是能力不如自己，你要一视同仁。

在职场上，不管是对领导还是对同事，不管是优秀的同事、还是能力一般的同事，一碗水端平是一个人的品质。如果你能从心底对每个同事都一视同仁，不因他对你是否有利益帮助，而去刻意接近或疏远他，那么你就掌握了 3A 原则的第一个 A，Accept——接受。

另外，在办公室，说实话，有些同事特别喜欢调侃。举个例子，头一天晚上你加班加了很久，第二天一来，都有黑眼圈了，法令纹也深了。一个同事就调侃你说：至于吗？又不是给自己干，那么卖力干什么？你是不是傻呀？听了这样的话，你心里可能会非常不舒服，但是你该如何回应呢？

有的朋友可能就会说了：我乐意，你管得着吗？或者不知道怎么回应，就自己一个人在那儿生闷气。如果是这样，冯叔叔给你提供一个参考回答：啊，谢谢你关心我，我这人晚上睡得晚，可能我晚上干活效率会更高吧。

为什么我要这样说呢？其实同事也注意到你的辛苦了，但是他不善于表达，所以说出来的话就不中听。如果你用积极的心态去理解别人说的话，把这个话题引向一个积极的方向，那么他不会说话没关系，通过你正向的转化，不仅传递了善意和正能量，也化解了他有些鲁莽的话语。

这样一来，同事谁不愿意跟你交朋友呢？这也体现了 Accept，接受。

（2）欣赏：发现对方的闪光点，把同事的一些做法尽量往好的方向去想

第二个 A 是 Appreciate，欣赏。

当然，欣赏，一方面是你要主动去发现同事的优点。每个人都有他的优点，这是毋庸置疑的。当你发现有的同事你并不喜欢，但他是你的同事这件事无法改变，你会和他在一个环境

里相处工作，如果你心生厌恶，这很不利于你们在工作中相处，这个时候你就应该去发现他的优点，看到他好的一面。

比如有一次我遇到一个平时很不喜欢的同事，在给保洁阿姨开门让路，而且很客气很耐心。那一刻我是有被感动到的，因为平时大家工作那么紧张繁忙，他还能主动照顾保洁阿姨。从那以后我就试着改变对他的那种厌恶心态，去了解他的优点，也发现了这位同事其他方面优秀的地方，后来我们在工作中的合作就很轻松舒服了。

其实人都是有多面性的，可能你不喜欢他的某一面，但是换一面看，也许会有和你相似的地方。

另一方面，在工作中，我们要尽量把同事的一些做法，往好的方向去想；他说的一些话，在对话中也都往好的方向去引导。也许他说的时候带有情绪，但你回复的时候是柔和的、安慰的，也许这个矛盾就化解了。

当然了，我所说的这种欣赏，是你心里真的找到了他的优点，认可他的做法。如果你有心就会发现，其实在职场中、在工作中，在你身边的同事中，有很多人都具有很多闪光点。只是有些人比较低调，不愿意到处去宣扬，他们的优点，需要你细心去发现。

（3）赞美：一种有效，而且不可思议的力量

我们再来说一说第三个 A，Admire，赞美。美国的一位管理学家马力凯曾经说过："赞美是一种有效，而且不可思议的力量。"

有一次我在主持一个访谈节目的时候，被采访对象——我的嘉宾在后台候场的时候，赞美他的助手：你换新发型了吧？不错，很精神，很适合你的脸形。助手是一个年轻的小伙子，听了之后顿时十分高兴。

大家想想，在即将登台接受访问的时候，对于嘉宾来讲，这个时间往往很紧张，但是这位嘉宾，还能够气定神闲地夸赞他的助手，说明了他对这个助手的重视。而被夸赞者也从心底感受到了这份重视。

后来那位被采访者跟我说，那段时间企业实在是太忙了，这位助手拿的工资并不多，而且没有什么股份，但是陪着创业阶段的团队，陪着他到处当空中飞人，所以团队真的是由衷地感谢他。而这一句赞美、感谢的话，让这位小伙子心里也感受到了温暖。

这就是 3A 原则的第三个 A，Admire，赞美。抛开"赞美"不说，通过这位被访嘉宾对周围工作人员的态度，你也能反过来了解他到底是一个怎样的人。对待比你职位低的人的态度，反映了你内心的高度和温度。

当然，赞美不仅仅是语言上的表达，赞美的时间、场合也非常重要。这里就给大家讲讲赞美的几个小技巧。

第一，赞美一定要具体

比如你赞美我说：冯叔叔，你的口才太棒了。这样的赞美我听到之后未必那么高兴，因为口才棒的人太多太多了，你宽泛地这么说我，我只觉得我是那一堆人当中的一个。

而如果你这样说，我就会比较高兴：冯叔叔，你昨天主持的节目太棒了，那个嘉宾访得太好了，信息量很大，我听到了某某环节和某某环节，正好对我的职场发展有帮助。给你点个赞哦。

你要这样说，我的脸就笑开花了，我就蹦到墙上去了。为什么？因为你通过对细节的描述让我知道，你是真的看了我的节目。然后你夸我嘉宾访得好，节目对你又有帮助，你想想这样的赞美，哇！我不要飘起来哦！

第二，赞美一定要因人而异

所谓千人千面，不同的人你赞美他的方面、赞美的话语、欣赏的角度，都要不一样。比如同事之间，我觉得大家的赞美可以放在能力、学识、为人、人缘等方面，让他感受到他在工作上所付出的这些努力，有人肯定。

如果面对每一个人你的夸奖都一样，大家当然会觉得你并没有真正用心去了解他真正的优点，只是泛泛的客套话。这就像美女、帅哥这两个词，从兴起到现在，已经只是一个鉴别性别的词汇了。

第三，不要去夸所有人都在夸的东西

给大家出个题：比如你在面对马云的时候，你如何跟他聊天，去对他进行赞美？大家都知道，马云在企业经营上，已经是中国最优秀的企业家之一了，如果你继续夸他："哇！马总，你的管理能力真是太强了，阿里巴巴这么大的体量，也被你运营得这么好，运转得井然有条。"马云先生未必会高兴。

如果你多关注一下阿里巴巴在履行社会责任上所付出的努力，比如资助贫困山区的孩子，比如马云自己发起的乡村教师计划，等等。这些代表了阿里巴巴在经营上成功之外积极履行社会责任的一面，说白了，就是企业家更高层次的一些修为。

又或者你可以夸一夸：马云先生，您最近的书法练得真好，我看到网上您的好几幅作品都很受欢迎；您最近太极也打得不错，真希望您能把中国这些传统文化推广出去，让更多的人像了解阿里巴巴一样了解我们的传统文化。

如果你这么夸，这么去发现别人的优点，可能别人会更开心。**因为你是在用心跟他沟通，你看到了别人看不到的一些东西。**其实你对人用不用心，别人是可以感受到的。

第四，多在背后说别人的好话

关于夸奖还有一点，那就是如果你真的认可这个人，就多在背后说别人的好话。很多人会认为当面夸奖多少有一些客套的意思，但如果你是从另一个人口中听到一个人对你的夸奖，这个时候你心里的感受就会不一样了。你会觉得这个人他可能是真的很认可我。你对这个人，也会不由自主地产生好感。

二、巧用"三明治法则"，
　　提意见也可以忠言不逆耳

说完 3A 原则之后，我们说一说和同事沟通交流的第二个要点：那就是提意见的时候，巧用"三明治法则"，让忠言不逆耳。这很重要，因为同事之间不可能只说好话，为了工作有的时候还真得要大胆地提出意见。

工作中，和同事沟通难免会有回应、反馈、提意见，所以当你有不同意见的时候，一定要敢于站出来提出批评或者是反对。但如果你的回应中有一些属于忠言逆耳的意见，冯叔叔就建议你，不妨使用一下下面的"三明治法则"。

在心理学批评里提到了"三明治法则"，它是指把你的话加工得像三明治一样，上下两片面包是松软可口的、好消化的多糖类碳水化合物，中间的肉饼是富有营养，但是有点难以消化的蛋白质。而这部分肉饼就是你真正想表达的信息。通俗点说就是：当你想要表达不同的意见、建议，表达反对，或提出要求，指出对方缺点的时候，先把自己的语言加工成三明治。

三明治法则

上层面包片：夸赞，表达欣赏、认可、感谢

中间面包片：委婉提出意见、建议、要求

下层面包片：表达鼓励、感谢，未来会更好

我们来看一个案例。同事小黄做了一个方案，但是你觉得有很多可以改进的地方，那么建议型"三明治法则"是这样的：三明治上层的面包片，要表达对对方做得好的地方的欣赏；中层的薄肉饼，委婉地提出自己的建议；下层的面包片，说明相信对方会做得更好。

表达了对对方的欣赏，相信对方能做得更好，这是上层和下层的面包片，其实你真正的目的是要告诉对方中间有薄肉饼的地方，委婉地说出自己的建议，指出他需要改进的地方。但你把欣赏和希望，放在提出的意见前后，对方吃起来就没有那么苦口了。

上面这个事例，如果我们不用建议型"三明治法则"，你可能会这样说：小黄啊，文案我看了，还行，中间第二部分差点意思，方案不够具体，你可以改改。听到这样的话，小黄心里难免会有一些不舒服，改起来可能也会有一些怨气。

但是如果你使用了"三明治法则"之后，是不是能这样说：

小黄，这个文案你下了不少功夫吧，全文简直太流畅了。注意，这就是上层的面包片了，先表达欣赏。

接着说：第二部分的方案，如果能加一些具体的案例，可能就更完美了。这就是中层的薄肉饼，委婉地说出了自己的建议。最后说：如果你改动一下，这个文案我觉得会非常好，完全可以为我们赢得这次的竞标。这是下层的面包片，相信对方会做得更好。如果你这么表达的话，我想小黄一定会更加努力积极地去做这件事情。

其实这个三明治法则，我们还可以拓展成"要求型三明治法则"，比如上层面包片是"谢谢对方过往的帮助"；中层薄肉饼是"巧妙地提出自己的要求"；下层面包片是"希望得到支持，表达感激"。其实这和我们之前说的相信对方会做更好是一个意思。

"关爱型三明治法则"，上层面包片表达欣赏和赞美；中层薄肉饼表达自己真诚的安慰，安慰对方遇到的坎坷和困难，说这些都是暂时的；下层面包片则鼓励对方，告诉他因为有爱、有大家，未来会更好。

其实不管是哪种类型的"三明治法则"，都是殊途同归，通过这样一种语言的融合，让你真正想要表达的那部分，不是那么刺耳，让对方接受起来比较容易，甚至把它当成一种动力。所以怎么提出意见，真的是一门技术活。

　　另外除了三明治法则，冯叔叔再送大家一个提意见的方式：之前我们提到了在一个团队中，说好了一项工作每个人找三个相关案例，有的人默默地找了四五个，为团队付出得多；有的人呢偷懒，就找了一两个。面对这样的小伙伴，我觉得默不作声未必正确，因为团队需要长久协作，我一直主张有问题一定要说出来解决。

　　那么你怎么说才能既让他知道自己的问题又不伤害同事之间的和气呢？其实你完全可以通过夸奖另外那个为团队多付出的同事，来告诉这位同事他自己的问题。我想如果他听到你对那位同事的赞美，回过头来一定会不好意思，进而反思自己的问题。

三、如何优雅地说"不"：
跟主持人学不伤人的拒绝表达术

　　在平时的工作沟通中，我们不可避免地会遇到需要拒绝同事的情况。当你想要拒绝同事的时候，你应该如何去做？怎样说才能让被拒绝的同事觉得体面，你也不会为难呢？这就需要用到下面要讲的和同事交流沟通的第三个要点：如何优雅地说"不"？

1.对方问你的问题，你未必要正面去回答

　　我们在职场经常会面临灰色的任务区：本来不属于你干的活儿，却被硬塞在了你的手里。学会把不属于你的工作推掉，

是一个人在职场能够轻装前行、聚焦目标的一项非常重要的技能。推辞真的是一个脑力活儿，如何巧妙地推，推完了还得让对方没有任何的怨言。

先举一个我们主持人前辈的例子，王小丫姐姐在主持《开心辞典》的时候，创造了当时收视率的奇迹，大家真的都很喜欢她轻松幽默的主持风格。

有一次小丫姐姐在主持节目的时候，向一个选手提问，那个选手特别聪明，他反问：我想问一下王小丫老师，这道题您觉得是选 A 还是选 B？这时候，小丫姐姐非常智慧地说：那我要问问你，你是不是想和我换换位子来主持这个节目当考官？就这样，小丫姐巧妙地化解了对方的反问。

对方给你扔过来的一些包袱，你不一定要硬碰硬去接住。换句话说，**对方问你的问题，你未必要正面去回答，你完全可以巧妙地用另外一个问题把它给推过去。**

2. 说"不"的时候，尽量怪自己，先把责任归在自己头上

想要优雅地拒绝别人，还有一个原则，就是说"不"的时候，尽量怪自己，先把责任归在自己头上。

比如同事让你帮他复印一份文件，其实他完全有时间自己复印，一次两次也就算了，没问题。但是有的朋友想当好人，第一次去，第二次也去，第三次还去；帮忙次数多了嘴上不说，

心里却委屈呀。也有的朋友简单粗暴地说：我没时间，你自己去吧。这是不是又太得罪人了？

其实你可以试试这样说，用既温柔又坚定的语气说："哎哟，你看我这脑子！我这人做事的效率太愁人了，老板叫我早上发的报告，我到现在还在焦头烂额地打呢，还没弄完，我死定了。等我先渡过这个难关再说。"

怎么样？先把自己说一顿，说自己能力不行，帮他做不了这个事儿。这样既不会伤到对方的面子，又不会强迫自己做不想做的事。

还有一个例子，如果别人邀请你和一位同学去 K 歌，其实你不太喜欢这个同学，有的人会直接说，我不想跟他 K 歌，看着他都烦。要知道这个说法如果传到那个同学耳朵里，他得多伤心啊。

你可以试试这样说：好久没见那个同学了，真的一起 K 歌，我会有点放不开，那可能会有点扫兴，令大家失望。要不这样，以后有机会人再多一点，我们一起去，好不好？

您看把责任还有缺点都归结在自己身上，因为自己放不开，而不是因为讨厌那个同学而不去。这样拒绝的话，就成功地化解了这份尴尬。

怎么样，拒绝别人，也是一门艺术吧。

四、和老员工沟通的时候, 要注意两点: 学会倾听, 管住自己的嘴

职场上的新人, 初入职场, 免不了要和老员工进行沟通。其实一个公司里老员工往往是比较特殊的, 他们既是你的同事, 职位也许并不比你高, 但同时他在这里的时间比你长, 也需要得到新人的认可和尊重。那么和老员工沟通的时候, 要注意些什么呢? 下面给大家几条建议。

1.学会倾听, 多请教

首先和老员工沟通的时候, 要学会倾听, 而且跟他们说话多用请教的语气。因为我们初来职场, 对这个公司、对工作环境都不是很了解, 所以需要多从老员工那里得到一些信息。

另外, 倾听之后, 可以多问一些工作上的问题。当然这些问题应该是你经过一番思考后提出的, 让他也觉得你对他说的东西是有所思考的, 这也是对他的尊重。

2.老员工跟你抱怨时不要跟着吐槽, 少说敏感词

其次就是要管住自己的嘴, 不要随波逐流参与吐槽和一些讨论。职场里的一些老员工因为在一个地方待得久了, 对这个地方比较熟悉, 也有很多不满, 还有怨气需要吐槽、发泄一下, 所以往往会在同事当中, 在聊天的时候吐槽一些问题。你作为一个新人, 免不了会被这样一些氛围、话语所包围。

那么在老员工跟你抱怨或者吐槽的时候，你该怎么办呢？有的新人，就傻傻地跟着一块儿讨论：是吗？怎么能这样呢？他怎么能这样呢？虽然你可能感觉只是顺着说了几句，但是你并不知道对方是什么样的人，万一对方并不是一个磊落的人，可能过一阵儿传到其他同事或者领导那就成了：某某某新人，才刚来就开始议论这议论那，屁股都没坐热、地皮都没踩热就这样，人品堪忧啊！这就是哑巴亏呀。

所以，**在遇到这种情况的时候，你可以岔开话题**，聊一聊现在生活中的一些东西，或者哪个品牌又出新货了，要不然就借故去接杯水，或者接打一个电话，等等，这些都可以让你巧妙地避开这样一个负能量的谈话场。

还有一点需要注意的就是：和老员工沟通要少说敏感词。

职场中的新人初来乍到，其实更容易被人注意到。因为一个熟悉的环境中，突然来了一个新人，所以你说的话，更容易引起其他同事的注意。所以作为一名新员工，你说话的时候用词一定要特别注意。如果有些话题涉及到老员工，用词一定要特别谨慎。因为稍不注意，如果这个老员工有些敏感的话，就会对号入座，以为你在说他。

 总结

如何跟同事沟通，让同事为你"抬轿"

最后，我们再来总结一下前面所讲的内容。和同事沟通的原则，首先要学会3A原则。3A原则是什么呢？那就是接受、欣赏，还有赞美。而在赞美的过程中，我们也要讲求技巧，对每个人的赞美角度和方向是不一样的。还有赞美的话，尽量要在别人背后说。

第二个原则，在提意见的时候，要巧用"三明治法则"，让提意见也可以忠言不逆耳。"三明治法则"，就是下层面包片表达欣赏对方做得好的地方；中层薄肉饼委婉地提出自己的建议；上层面包片要向对方提出希望，相信他能做得很好。

和同事沟通的第三个要点，就是拒绝同事的时候，如何优雅地说"不"。拒绝也是一种技巧，让我们的拒绝，对事不对人，对方接受起来也会比较舒服。

冯叔叔精彩问答

如何说服同事帮你
完成一项本属于你的工作

Q 假如你需要同事帮你完成一项工作，为此他要加班，很辛苦，你如何用"三明治法则"说服他呢？

A 有很多朋友在留言区说出了他们的观点，其中一个朋友说，如果我要让我的同事帮我完成一项工作，如果我平时跟他关系还凑合，我就直截了当，请他吃饭，这就是我们最大的一个三明治。这位朋友确实非常幽默。

还有朋友也提出了他们的观点：今天你帮我把这项工作完成吧，我实在是完成不了，下周你的某项工作，我也能帮你完成，用这种等价交换的方式。

还有一位朋友说，那就苦苦哀求吧。其实你把身段放得低一些，语言上更柔和一些，同事也不是铁石心肠，谁都有困难，谁会不帮呢？

其实，你面对任何一个问题的处理方式都没有绝对的对与错，只有根据当时所处的情况、你和这位同事的关系去进行判断。

如果只是从语言这个角度来讲，要运用"三明治法则"的话，你可以先跟同事介绍一下你想让他帮你完成的这个工作的情况，肯定一下他的能力，肯定他对工作的态度，然后告诉他，可能有这样一项工作，需要他帮助你一起完成，也可以表达一下这项工作对整个团队，对你自己，也包括他，都是一件很重要的事情。最后完成了这项工作，你要好好感谢他，请他撮一顿。或者，以后他有类似的事情需要帮助的话，你也可以两肋插刀全力相助。

这其实就是"三明治法则"语言表达的运用——首先你承认他的能力，夸赞他的能力，这是第一层；第二层，说出你的困难，把需要他帮助你完成的工作告诉他，并说明这件事情的重要性，确实是没有他的帮助你可能完不成；第三，就是运用经济学里的承诺战略，你承诺未来如果他遇到问题，你也会帮助他，并且可以告诉他，完成了这件事情之后，对于整个团队来讲都是非常有帮助有好处的。我想只要你说的这些话，都是发自内心的，你也是真心地请求他，希望他帮助你，我相信同事一定会出手相助的。

车上给大妈让座
大妈感慨地说：
这孩子长得磕碜，心地还是不错的
我说：你让开⋯⋯

与陌生人的
暖心沟通术篇

◎ 快速拉近与陌生人距离的沟通六要素
◎ 跟鬼谷子学口才，与不同类型的人好好沟通
◎ 用 NLP 三步说服术，句句直达人心

与其埋怨
不如埋了怨

在日常工作沟通中，我们还需要经常说服别人、说服客户。那么冯叔叔下面讲的主题就是这两个字：说服。

记者是一个需要经常和陌生人打交道的职业，说服陌生人接受你的采访，获取你想得到的信息，是记者的职责。我在哥伦比亚大学听的第一堂课是新闻学院的一个讨论会，其中一位分享者是杜邦奖得主斯特普，他提到了他说服陌生人接受采访的一些经验。

首先一定要多面对面沟通。有时候我们觉得用微信、电话与人沟通，省事又省时，但其实打电话和发微信，别人要拒绝你太方便了，不接、挂断、不回复就好了。但是在真正上门拜访，面对面交流的环境下，你发出了请求，别人要当面拒绝你就是一件相对困难的事。

斯特普说，他有一次想采访某事件的当事人，前后一共上门拜访了六次，那位当事人才答应接受采访，他把不可能变成了可能。

另外，多次当面拜访也会让被采访者与你慢慢建立起熟悉感，这样才会更利于后期的沟通。斯特普也说到了"请求"的重要性，有时候面对你真的需要的东西，真心地向对方发出请求，告诉对方你希望得到他的帮助，这件事对你很重要，对方总会多给你一些有用的东西。

在我们的生活中、职场上，需要说服对方的情况可以说是经常出现。为什么我们要说服别人？因为我们每个人成长的环境不一样，每个人的想法也不一样，如果想在工作的过程中达成一个共识，合力完成一件事情，这就需要说服。

其实说服是沟通协作的前提，你说服了对方，对方才有可能和你合作。所以，说服对方这样的事情，在我们的职场上、工作中会经常遇到。下面我就来告诉大家，怎样说服别人，或者是说服客户？说服对方的攻心术有哪些？

一、 快速拉近与陌生人距离的沟通六要素

我们在生活和工作中，需要说服的人有很多种。首先我们要说的是如何说服陌生人，如何拉近和陌生人的距离。要拉近

和陌生人的距离，就要主动和他们沟通。那怎样和陌生人顺畅地沟通呢，我认为有以下六大要素。

1. 第一要素：给语言加点表情包，让表情生动你的语言

　　首先第一个要素，就是给我们的语言加点表情包。

　　现在网络上，还有朋友圈里，都流行发表情包。一句话说完在后面加上一两个表情包，就完全可以表达出这句话的意思和感情色彩。其实，我们平时说话的表情、动作是什么？就是你的眼神，你的微笑，你的面部表情所表达出来的情绪，以及你的手势。

　　当你面对一个陌生人的时候，你问他："您好！请问您是王先生吗？"虽然你的语气非常客气，但是如果没有表情包辅助表达的情况下，你一脸木讷，毫无表情，那么王先生听到你的话也不会有太热情的反应。**但是如果你满脸微笑，眼神中透露出真诚的询问："请问您是王先生吗？"这样的微笑所传达的就是你的善意。**

　　而当你给刚认识不久的朋友发微信文字聊天或者谈事的时候，用好一些表情包也会起到更好的沟通效果。比如打招呼时用上一个笑脸，结束聊天时在"再见""好的"之后加上一些微笑表情，都会无形中拉近你和他的距离。

当然了，表情包不要太夸张。另外，有些长辈并不喜欢表情包，所以和年长的人用文字沟通要更慎重一些。

2.第二要素：多听，捕捉对方的关键信息点

和陌生人沟通的第二个要素，就是多听。

有些做营销、做销售的朋友，**面对陌生人的时候，话非常的"密"，这其实是一种错误的做法。**你只顾表现你自己、介绍你的产品了，根本就没有给对方询问或者说话的机会。这样你能够赢得对方的好印象吗？所以在面对陌生人进行沟通的时候，首先要学会倾听，这样才能捕捉到对方真正的需求以及关键信息点。

3.第三要素：善于适当夸奖，博得对方的认同感

第三个要素，就是适当地夸奖。夸奖这种做法，其实在很多与人交往的场合都有用。之前我说过要适当地肯定同事、夸奖同事，那么我们在面对陌生人的时候，你真诚的夸奖，也会让对方对你产生好感。

大家可以回忆一下，我们每次去商场买衣服的时候，你和销售小姐基本都是第一次见面，但是她们能够很好地运用她们的语言、她们的夸奖，包括她们的微笑，来获取你的认同感。

说句实话，不怕你们说我自恋，反正冯叔叔去商场买衣服的时候，很多售货员都会跟我说："哇！先生你的气质好好啊，就像行走的衣架子一样。"虽然我觉得这有恭维的意思，但我心

里还是很受用。当然也有的时候，不，是经常，我会在商场里遇到售货员跟我说"先生！你是不是电视里的谁谁谁，我好喜欢看你的节目，你主持得好好哦"。

告诉你，她这么说，我心里就更相信了，心里真是乐开了花，恨不得把这个售货员推销给我的每一件衣服都买了，当然随之而来的就是钱包不保了。

你看，面对这种夸奖，恐怕你就更相信了吧，你是不是恨不得把这个售货员推销给你的每一件衣服都买了呢？

所以夸奖这个方法，在很多场合、很多地方都是很实用的。但是，**你夸的东西，必须真的是你感受到的，或者是你发现的对方身上所具有的优点。**

4.第四要素：适当地多提一些问题

和陌生人沟通的第四个要素，就是适当地多提一些问题。我们刚开始和陌生人接触时，往往会陷入初次沟通冷场的尴尬处境中。这个时候，如果你在接下来的聊天中，适当穿插一些提问的话，就会化解这种尴尬。

因为每个人其实都有好为人师的心理，只要你问的问题比较恰当，对方一般都会愿意回答；而且你向他提问，也表示了你对他有浓厚的兴趣。

最常见的提问，比如你可以问问与对方家乡有关的东西，问问他的工作，这些都可以使你和对方轻松聊上几句。人与人之间，真的是聊得多了，关系自然就近了。

5.第五要素：从生活中的热点说起

第五个要素，就是如果对方并不是一个很健谈的人，你向他提问，他回答得也不是很积极的情况下，你可以抢过话匣子，从生活中的热点事情说起。

比如说你看对方是一个西装革履、皮鞋锃亮、头发油光的人，一看就是商界精英，那么你就可以跟他聊一聊目前的经济形势，房价未来会不会波动，股市未来会不会很好，聊一些这样的话题。对于一个商务人士来讲，这样的话题他一定会有自己的看法。你就可以从这些话题入手，慢慢地和他熟络起来。

当然，如果生活中的话题聊完了，对方的反应还不是很热烈，谈话场还不是很热乎的话，你可以慢慢地试着聊一聊你自己的事情。比如说你最近在股市上究竟是赚了钱还是赔了钱，经历了什么事情；你最近又听到了一些怎样的关于经济的评论，等等。

总之，**在对方不健谈的时候，你就要抢过话语权，让这个谈话场热起来，慢慢地让对方进入状态。**

如果我们和做企业的陌生人沟通，我们不仅要关注他在公司的运作，以及商业上的能力，同时也可以多关注一下他为社会所做的贡献。因为现在很多企业家也很注重企业的社会责任、

伦理道德，也为公益事业做了很多事情。如果你能关注到他在
这些方面的付出，你给他留下的印象可能就不一样了。

6.第六要素: 沉住气, 循序渐进, 有时候朋友圈的文章 也可以建立连接

　　我在哥伦比亚大学新闻学院选了一门叫《新闻发展史》的
课程，这门课的老师图切教授在讲述每个新闻事件时总会提炼
一些跨学科的方法和思考。

　　她在一次课上说到作为一名记者在某些类别的报道中，你
的文章也许并不一定要说服所有人接受你的观点；或许通过你
的文章和报道，你和之前并不了解这个事件或者是并不了解你
的人建立了一个联系，你的文章就是沟通的桥梁。

　　图切教授的这番话给了我很多启发。我们在生活或日常工
作中，和陌生人沟通先要与他们建立连接。如果你一开始就着
急说服一个并不了解你的人接受你的观点，或者你的产品，也
许并不那么容易。

　　那么我们完全可以运用朋友圈的功能，你先和他们建立起
连接。然后在你的朋友圈里，你可以发表一些关于你对一些事
情的认知评论。或者转发一些相关的文章，慢慢在连接中建立
起别人对你的了解。

　　你的评论和观点并不一定马上要别人接受，建立连接、循
序渐进，很重要！

二、跟鬼谷子学口才，与不同类型的人好好沟通

大家都听说过鬼谷子吧，那么大家知道他主要研究的方向是什么吗？告诉你，按照现在大学教授划分的方向去分类的话，他研究的就是修辞学，也就是我们常说的说服术。

照这样说的话，鬼谷子可以说是现在知名大学中文系的教授了。在我国古代，以儒家思想为核心的学派倡导少说话多干事，而鬼谷子研究的偏偏是说服术，所以他培养的学生像张仪、苏秦，才能成为中国著名的纵横家。其实他们就是靠着"三寸不烂之舌"，最终改变了历史。

那么，鬼谷子说话技巧的核心是什么呢？鬼谷子沟通术的精髓主要为：

1.与智者言，依于博

与智者谈话，要以渊博为原则。其实智者对事物的了解判断很深刻，也很睿智，如果要让他产生与你谈话的兴趣，你也得是一个相对有见解、有阅历的人。因此你的谈话内容一定不能是浅显地就事说事，要有一些自己深入的思考。

2.与拙者言，依于辩

与笨拙的人说话，要以强辩为原则。笨拙的人往往看不到事情的本质，缺乏对事物正确的理解，而且都比较固执。与这类人交流，如果温文尔雅，你无法说服他们，因此需要强势辩

解的能力，强势、辩，都很关键。

3.与辩者言，依于要

与本来就很强辩的人讲话，要以简单为原则，见招拆招，就像打太极一样，你的招式再复杂，我给你拆了，我不跟你说复杂的话，只说我自己的要点核心。

4.与贵者言，依于势

与高贵的人说话，心态上不要谦卑示弱，要有自己的气势，在气势上、气场上、心态上，不要输给他。

5.与富者言，依于高

与富人谈话，要以高雅潇洒为原则。与富有的人谈话，如果跟他聊财富，聊美食豪宅，其实他并不会有太多的兴趣，因为他身边时刻是这样的状态。如果你能聊一些高雅的艺术、世界各地的情怀风物，也许更能激发他的兴趣，让他跟你愉快地交流。

6.与贫者言，依于利

与穷人谈话，要以分析其中利害为原则。你要更多地告诉他，这件事如果没做好，可能会带来一些怎样的损失，而做好了又有怎样的好处，等等。

7.与贱者言，依于谦

与地位不太高的人谈话，以谦恭为原则，就像冯叔叔一开始跟大家说的一样，面对领导的时候，我们一定要不卑不亢；那么反过来，当我们面对地位并不是很高的人的时候，我们一定要谦恭平等地对待他们，给他们以鼓励和信心。

8.与勇者言，依于敢

与勇敢的人说话，要以果敢为原则，要有一颗雄心。

9.与过者言，依于锐

与上进的人谈话，要以锐意进取为原则，就是他很上进，你也要展现出你上进的状态，这样更能和对方谈到一起。

鬼谷子这套沟通学的精髓，就是**面对不同的人，我们要发现他身上的特点，然后用适合他身上这种特点的语言沟通方式，和他进行交流。**

同时，鬼谷子的这套沟通学还有非常积极的一面。比如说"与过者言，依于锐"，就是和上进的人对话，我们也要表现出我们的锐意进取，长此以往，你和上进的人沟通多了，你自己也变得上进了。

那么"与贱者言，依于谦"，和地位并不是很高的人交谈的时候，我们要尊重他，我们更要谦恭，长此以往，我们就养成了一视同仁、谦虚做事的态度，这是一个人内心的爱与包容。

鬼谷子的这套沟通学，大家可以好好地去研究研究。他所说的已经远远超出了语言表达沟通这个层面，他还讲到了一个人的内心，讲到了如何去面对他人，如何去看待他人，讲到了一个人的心究竟能有多大的包容空间。

回到我们的主题如何说服对方、说服客户这一点上来。鬼谷子的这个沟通术，首先需要你判断对方究竟是一个怎样的人，他的性格特点，他的做事方式，然后用适用他这种特点的方式与他沟通。当你和对方的沟通气场达到一个很合拍的状态时，说服对方就非常简单了。

三、用NLP三步说服术，句句直达人心

说完了鬼谷子的沟通术，我们再来说一说如何说服别人的第三部分重要内容，那就是用国际上很流行的 NLP 三步说服术，句句直达人心。

NLP 说服术，国际上很多专家学者都有研究。美国有一位黑人领袖叫作弗里德里希·道格拉斯，他曾经说过这样一句话：**如果我能够说服别人，我就能转动宇宙。**

说服别人，其实就是把身边原本和你观点不一样的人，也变成能够跟你一起共事的小伙伴。比如说在职场上，我们要说服面试官录用你，你怎么才能获得这个录用通知书？我们还要说服老板给你加薪，还要说服客户信任你达成合作。如果我们

说服不了别人，确实好多愿望都没法实现。

　　冯叔叔下面就给大家介绍一下这个 NLP 三步说服术。其实 NLP 三步说服术在国际上非常流行，有很多哲学家、社会学家，甚至是经济学家都在研究 NLP 说服术的精髓。我们今天来了解一下，NLP 三步说服术究竟是什么。

NLP 三步说服术	
第一步	先肯定对方，不要第一时间进行反驳
第二步	与对方站在相同立场，取得信任
第三步	向上归类，找共同点

1.第一步：和对方对话时，要先肯定对方

　　第一步就是在和对方对话的时候，要先肯定对方。**要接受别人的观点，不要第一时间就进行反驳，这就等于你和他有共同的地方，顺应了对方的心理需求。**

　　比如说我的同事小黄说话就有一个习惯，我在跟他讨论工作的时候，每次我说，你看这件事情用这个方法会非常好。他的第一个反应，或者他的口头禅就是：那不对，接着就噼里啪啦地说他的观点。

　　如果你说完一个观点，他觉得有些道理，他还是会习惯性地说：那也不完全是，你看还有什么什么。这是他的一个习惯

性反应，就是在别人说出观点之后，如果和自己的观点并不完全相同，他会先否定对方，然后再去阐述自己的观点。这样的表达方式，会让对方一开始就从心理上对你产生抗拒。

　　所以，当对方表明他的观点之后，我们要做的第一步就是先接受他的观点。这种接受未必是你心里百分之百认同对方的观点，但是从语言上你一定不要马上否定对方，而是告诉他，我觉得你说得很有道理。

2.第二步：站在相同立场，取得信任

　　做到了第一步之后，我们再来看看 NLP 三步说服术的第二步：站在相同立场取得信任。第一步用语言肯定对方，对方从心底会觉得，你跟我的立场是差不多的。那么到了这一步，我们就可以巧妙地提出自己的意见，作为对对方观点的某种补充，或者说如果有些许改善是不是更好，并且建议对方考虑。

　　你看我第一步已经用语言肯定了对方"你这样是很有道理的，我跟你是站在一边的"。到第二步的时候，我又是站在对方的立场，对他的观点进行某种补充，或者是把我不太认同的部分提出来，请他进行改善。

　　这个时候，对方已经把你当成是他这个方阵，或者是持同样观点的人了。在这种情况下，再给他提出补充或者是改善的意见，对方往往更容易接受。

3.第三步：找到彼此的共识

NLP 三步说服术的第三步，就是向上归类找共同点。什么是向上归类呢？就是你<mark>了解了对方更多的心理动机之后，把对方和自己不同的观点向上进行归类，找到可以包容两者的更大的一个范畴以达成共识。</mark>

在这里，冯叔叔给大家举一个例子。有一次我采访一个企业家，他刚拿到风投公司的投资。你知道他是怎么说服投资人的吗？这个企业家从事的是连锁美容美发生意，当时他介绍完项目之后，其实第一时间投资人说的是：现在这种项目在市面上太多了，可能我们暂时不会考虑。

如果是一个情商不太高的企业家，他可能会说：是呀，项目是很多，但是我们不一样，我们有什么样的优势，我们有什么样的特色，如果你去现场考察一下，你就一定会觉得值得。

大家想想，如果这么说，投资人会同意投资吗？冯叔叔的回答是：呵呵！为什么投呢？因为如果这样说的话，其实你是在否定投资人的观点，或者是批评投资人没有眼光，看不到我们公司的优势。一个"但是"，直接把投资人的观点给拍地上了，意思是你没考察我们，你怎么知道我们不好呢？这样说，投资人肯定不爱听。

那么你知道我采访的这位企业家，他是怎么说的吗？他说：刚开始从事这个行业时，我也感觉这个项目太传统了，到处都有人在做，竞争真的很激烈，我跟您的想法是一样的。

他这么说，首先肯定了投资人说这类项目比较多这个观点。这是第一步，用语言肯定对方。

　　然后他接着说：经过一段时间的摸索，我们很努力地进行市场调研，走遍了很多同类的美容美发机构，我们发现了一个普遍存在的痛点。针对这个痛点，我们采用了一套跟别人不一样的模式。这套模式经过测试，我们的业绩提高得比一般的美容美发机构快很多，而且我们扩张的速度也很快。如果您到我们的现场去看一下，了解一下我们这种新的模式，您一定会感受到这种变化。

这是第二步，站在相同的立场取得信任，巧妙地提出自己的建议。

　　然后他接着说：您看，其实您投资和我们做实业，都是一样的，大家都想要更快地获取更多的效益。如果您投资我们企业，您能够很快获得回报，同时也助推了我们的发展。

　　你看，虽然投资人对于这个行业、这个项目的认知和看法，开始时和这位企业家是不一样的。但是这位企业家通过一个向上归类，告诉投资人他们对生意的本质理解是一样的，都是为了获取效益最大化，这样就把投资人和企业家的相同点很快归到了一起。

　　所以拥有一副好口才，会说话，会给你带来不一样的机会。

说服陌生人的攻心术有哪些

最后我们来总结一下前面所讲的内容。我们要说服别人、说服客户，需要抓住哪些要点呢？如果你面对的是陌生人，要拉近跟他的距离有效沟通，有六个要素。

首先要给语言加点表情包。不是光说话，你的笑容、你的眼神也表达了你的在意和尊重。第二个要素就是多听。面对不太熟的朋友，恰巧他又比较健谈，先听一听他的想法，了解一下这个人。第三个要素是多一些夸奖，夸奖会增加对方对你的好感。

第四个要素和第五个要素，是要学会穿插提问和从生活中的话题切入，或者是说一说自己的事情，让谈话场先热乎起来。如果你面对的是一个不太健谈的人，这两个方法都比较管用。

第六个要素是沉住气，循序渐进，用朋友圈的文章与别人建立连接。

然后我给大家讲了鬼谷子的沟通术，其实就是根据不同人的类型和性格，选择跟他相对贴近的一种表达方式去达成沟通，从而实现说服。接着又给大家讲了NLP三步说服术：就是用语言肯定对方，站在相同立场取得对方信任，向上归类，找到共同点。

冯叔叔精彩问答

如何说服别人转发你的信息

 如果你想让别人帮你转发信息发朋友圈，你会如何说服他？

🅰 关于这个问题，其实冯叔叔的网络课上很多朋友的回答就非常不错，冯叔叔在此决定直接分享一下这些朋友的回答。

一位朋友说，他找的那位朋友，是一位很热心、平时就很愿意帮助别人的人。于是他的这个说服就比较容易。当然，他也用了我们的 NLP 法则，他先肯定了对方，说："你真是一个热心肠的人，以前好多朋友都说你特别肯帮忙，我现在遇到一个问题，能不能帮我一个忙，这个问题生活当中很多朋友都遇到过"。之后他提出需求，需要这位朋友帮忙转发一条朋友圈，得到更多人的帮助，让更多人帮他去解决这个问题。你看他也用到了向上归类法，就是他遇到的这个问题，在生活当中很多人都遇到过。他找到了一个向上的共同点，这样的话，他会让那位朋友感觉到自己帮助的不仅仅是他一个人，通过帮助他，这一类人所遇到的问题，可能都会得到解决。

还有一个朋友留言说，他希望这个朋友转发的内容是和工作相关的。因此他就用向上归类法，把这个问题归类到工作的问题中，他找了一位同事来帮他转发，因此这件事情就不仅仅是他自己的事情了，更是工作上的事情，也是那位同事的事情，所以他也很快让对方帮他转发了朋友圈。你看，大家都成功应用了 NLP 法则去进行说服。

其实我们身边有很多很热心、完全可以和我们成为朋友的人，但就是因为我们平时的沟通中有一些问题，我们的语言总是缺乏包装，缺乏艺术，太过直白和露骨，所以往往你最后会发现，原来那么多热心肠、可以和我们成为朋友的人，就这样跟我们疏远了。

最累的不是工作
而是工作中遇见的人

营销
暖心沟通术篇

◎ 善用 AIDA 法则，步步为营达成销售
◎ 对谈与提问，要根据对方的话来回应
◎ 用电话、微信营销，如何才能不跑单

每个人都是梦想家
梦破天之后
就只剩下想家

　　我们继续来讲职场沟通。前面我们讲的是职场沟通中很重要的一个部分——说服。那么现在，我们要讲的是职场沟通中同样非常重要的营销沟通。

　　在职场上，有很多人的工作是要不断和外界打交道的。有的人是做市场推广的，有的人是做外联的，有的人是做销售的。那么我们下面讲的这个营销沟通，不只局限于传统的营销中所说的对外去推销产品的时候怎么沟通。我们在这里所分享的这些营销沟通技巧，只要你从事的工作和外界打交道很多，与人沟通很多，其实都用得上。

　　营销的含义是什么。其实营销说得通俗一点，就是推销。推销指的是，营销人员从双方获益的目标出发，大家听好了，是双方获益，所以这就不是单方面从客户那里获取利益，而是通过挖掘人们现实或者潜在的需求和欲望，运用各种营销的手段和技术，消除人们的疑虑，使人们购买商品或者是服务，而且使购买对象获得某种满足感的一个行为过程。

你看看这个关于营销的定义，说得非常明白：营销不是一个单方面的推销行为，换句话说，也不是语言单向传播的一个过程，而是需要在交谈的过程中，双方都能够获取自己想要的东西。所以你要去充分体会对方的感受，下面首先给大家分享一个 AIDA 法则。

一、善用AIDA法则, 步步为营达成销售

国际上有一位非常知名的推销专家，叫作海因茨·姆·戈德曼，他把成功的营销总结为四个步骤。这四个步骤，每一个

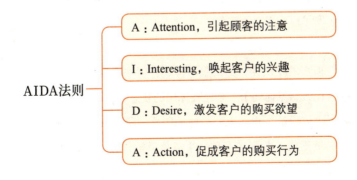

AIDA法则
- A：Attention，引起顾客的注意
- I：Interesting，唤起客户的兴趣
- D：Desire，激发客户的购买欲望
- A：Action，促成客户的购买行为

步骤对应的单词的第一个字母分别是 A、I、D、A，所以就被称作 AIDA 法则，也叫爱达公式，在西方营销行业备受推崇。

1.A: Attention，引起顾客的注意

第一个 A 叫作 Attention，第一个步骤就是引起顾客的注意。其实引起谈话对象或者客户注意的方法有很多，大概有这么几个：

（1）着装还有细节上，首先让客户对你产生好印象

第一个方法就是在形象上让对方对你产生好印象。

当然有的人是天生玉树临风，英俊潇洒，比如说像冯叔叔这样的，稍微倒饬倒饬，就已经很帅了（允许我自恋一下）。

可是冯叔叔随着年龄越来越大，也很难找回 20 多岁时那种玉树临风、英俊潇洒的状态了。所以纯粹靠你的这张脸，那是不行的。因此还是那句老话——人靠衣装，比如说在一些相对正式会面的场合，在对谈的过程中，如果你的服装非常正式，也表明了你对客户的尊重。

但有的小伙伴，穿西服不喜欢打领带，只是一件衬衫，这样会让人感觉你处于一个比较休闲的状态，在相对正式的场合，就不太容易给客户留下一个好的印象。所以第一步，在服装上要尽量正式。即便你不是一个英俊潇洒，或者貌美如花的人，但是在服装上正式专业，也会引起客户的注意。

另外一个引起客户注意的小细节，就是在跟他对谈的时候，可以随身带着一个笔记本，或者带着你的电脑。在跟他对话之前，你可以先打开笔记本或者是打开电脑，让他感觉你是一个态度非常认真、做事非常专业的人。

这是我们在着装还有细节上，引起客户注意、留下好印象的方法。

（2）考虑对方的利益，引起客户的注意

接着再给大家说说如何在语言上进一步引起客户的注意。

回想一下，我们身边很多人，在很多场合引起别人注意的方法很有意思，也很好玩儿，有的非常聪明，有的则很笨拙。

比如说一些人故意在人多的场合提高嗓门，他以为这样就能引起别人的注意。殊不知，别人是注意到了他，不过是因为他没有素质、没有教养而注意到他。

所以我们在做营销沟通的时候，切忌为了引起客户的注意，故意用比较夸张、过分热情的语气去说话。

比如说，"哎，张先生！哎哟，好久不见您，最近还好吧，来来来，坐坐坐！"这种语气夸张到让人觉得太假。有的时候这种过度热情、过度夸张的语言表达，反而让客户觉得难以接受，从而与你产生了心理的距离。

接下来大家也可以想想，我们在马路上接触过很多发放传单的推销员，一般情况下，大部分推销员会说：您看我这里有

一个什么什么样的产品，特别好，您来看看。大部分这种类型的营销，都是通过夸自己的产品好来引起客户的注意。但是各位可以回想一下，哪一次不是你一转身，就把传单扔进了垃圾筒呢？

所以这种通过自己夸自己，来引起客户注意的营销方法，显然是行不通的。

那么我们究竟该用怎样的语言表达方式，才能引起客户的注意呢？其实核心精髓就一个，那就是考虑对方的利益。

比如一家装修施工的公司，想要和一家设计公司达成一个合作，如果他在和设计公司进行商务谈判的过程中，只是一味地说，我们的施工能力很强，我们的效率很高，我们的员工很专业，我们的师傅很厉害，你觉得设计公司能相信吗？但如果他换一种表述方式，我想一定会引起设计公司的注意。

比如这样说：我听说贵公司的设计师都非常专业，设计方案也非常受市场的欢迎，我们公司是做施工的，我们这几年在市场上积累了很多的客户，包括他们身边的一些朋友，这个客户群体还是很大的。我们想看看，以后大家能不能合作一下，让资源互通一下。如果有一些客户有设计方面的需求，我们可以介绍到贵公司；而贵公司客户如果有施工需求，则可以交由我们完成。

这就是经济学上的框架效应，同样一件事情，你换个角度描述，站在于对方有利的方向去说，从他的利益出发去考虑，你这次寻求的合作，是可以给对方带来商机，给对方赢取利润的，他就容易接受了。

2.I: Interesting, 话不要说太满, 唤起客户对你的兴趣

成功地引起了对方的注意之后，我们再来说一说，AIDA 法则的第二个字母 I，对应的，就是我们人人都会的 Interesting。引起了客户的注意之后，第二个步骤，就是要唤起客户对你这款产品，或者对你们公司、对你这个人的兴趣。

（1）警惕自来熟, 不要一开始就把自己和盘托出

我们在人际交往中，往往会有很多误区。有的人和别人刚见一两面，就表现得非常自来熟的感觉，恨不得把自己的家底、自己的历史，全都告诉一个陌生人。这样的人显然不会引起别人的兴趣，别人会觉得，这个人真逗，我跟他才见第一面，根本不熟，就跟我噼里啪啦讲那么多自己的事儿。

引起客户的兴趣，一定要循序渐进，切不可一上来就噼里啪啦，用语言狂轰滥炸，去挤占客户的时间。

如果你是一个产品的推销者，唤起客户兴趣非常关键的一点就是：你要学会在有限的时间内，用简洁的语言进行一个有效的产品介绍。当然，有效的产品介绍，要求我们每个人首先对产品非常了解。

　　另外一点就是我们要把介绍内容进行一个分类，把重点的、有趣的内容相对均衡地分布在你的介绍过程中。比如说开头的部分，把这件产品的优点或者是它的特点介绍出来。但是切不可把所有的优点全堆在开头的部分。这样的话，你就会犯下前面我们说的那种自来熟的人，一见面就噼里啪啦说一堆那种人所犯的错误。

　　心理学上有一个研究，一个人对另外一个人，或者是另外一样事物，要保持兴趣的话，那一定是他对这个人或者这样事物，还没有完完全全地了解；他对你如果还有未知的部分，那么这种兴趣就会保留下去。

（2）好的产品介绍就是：板块清晰，重点突出， 分布均衡，贴合痛点

　　一个好的产品介绍是什么，那就是板块清晰，重点突出，且分布均衡，贴合痛点。

　　第一，板块清晰，就是这款产品它究竟有哪些功能

　　比如说一款饮水机，它可以直接过滤自来水，它可以 10 秒瞬间加热，它有超大的容量，它还节能省电。这是功能上的板块。另外，它的价格非常便宜，而且还有两年超长的保修期，每半年还有专业人员进行维修清洗。

　　通过仅仅简短几句话的介绍，这款产品就展现在客户面前了。功能特点、它的价格、它的售后服务，这些介绍都非常清

晰，这就是一个好的产品介绍，它在内容介绍上，板块是非常
清晰的。

第二，重点突出，且分布均衡

你看每一个板块，我们在介绍的时候，都会有重点。比如
说在功能上，这款产品的特点是什么呢？那么在众多的功能当
中，你一定要选择一个最有特点的，比如说它可以直接对自来
水进行净化，比如说 10 秒就能够迅速加热，总之你要在众多的
功能当中，选择一个进行重点详细的描述和推荐。

第三，找出重点后，再有趣描述

如果你在这个功能的描述上是有趣的，恭喜你，从一开始
就成功唤起了客户的兴趣。

接下来你在第二个板块，或者第三个板块的内容描述中，
也要找出这样的重点，并进行有趣的描述。这样的话，客户在
听你整个介绍的过程中，都会保持兴趣。这就和我们在生活中
所说的一样，一个人的好，要通过接触了解，慢慢去琢磨。

同样，当你介绍一个产品时，不要一开始就把它的优点一
股脑全部倒出来，要通过你的产品介绍，循序渐进地把这款产
品的神秘面纱给揭开。这样的话，客户就能一直保持对这款产
品，以及对你的讲述的兴趣。

第四，贴合痛点

商学院的课堂上有营销这门课，我常常会听到"痛点"这

个词。那什么是痛点？痛点其实就是消费者迫切需要，但是市场目前还没有满足到的地方。

那么在你营销时，你的语言能否直入人心，切中消费者心里的痛点呢？其实每一款产品都有它的核心功能，也就是这款产品的爆点。前面我们说到营销产品的时候要突出重点，主要是产品功能那一方面的重点。

而从用户的角度出发，这个重点是不是足以解决用户的痛点？那么你首先需要发现用户的痛点是什么。比如你是做服务行业的，专门帮助工作繁忙的家长接送孩子上学放学。你首先分析用户的痛点，工作忙没时间接送孩子并不是最大的痛点，最大的痛点是孩子的安全，接送孩子的人值不值得信赖。

找准这个痛点，因此你就要在介绍时，把这个基于痛点的解决方案变为介绍的重点。你可以告诉他，你们接送服务的车辆全部为公司自有，不是外部租赁的，司机就是员工，接送的员工全部经过严格的身份审核，并且采取实时视频监控模式，父母用手机软件即可看到孩子实时的情况。这个就是基于痛点的详细介绍，可以说直入用户人心了。

（3）调节谈话节奏，适当讲讲故事

说完了用一个好的产品介绍来保持客户的兴趣，我们再说说另一个保持客户兴趣的方法，那就是调节谈话节奏，适当地讲讲故事。

之前冯叔叔也说到了，**人和人之间沟通交流，说话的语速和节奏非常重要，不要一味地快，像打机关枪一样，也不要一直保持一个匀速的节奏。**就像我们在火车上，虽然轰隆轰隆的声音非常响，但是你怎么还是容易睡着呢？那是因为虽然声音很大，但是它的节奏是没有变化的，一直是轰隆轰隆。

我们谈话也一样，如果一直保持一个节奏的话，那就相当于没有节奏。因此我们在和别人沟通交流时，特别是在营销类的谈话中，一定要注意调节谈话的节奏。不要一直太快，也不要一直太慢，中间的节奏是需要有变化的。只有你的谈话节奏富于变化，别人才会一直保持和你谈话的兴趣。

所以**在做完类似产品介绍的正式谈话之后，你可以讲一讲笑话，聊一聊其他的，通过这些谈话来改变我们整个谈话场的节奏。**

其中适当地讲讲故事，是一个非常好的方法。而故事要怎么讲？又有哪些故事是利于我们进行营销的呢？这个故事的选择，就非常重要了。

首先，要选择和我们生活息息相关的，或者是有关社会热点的故事，让对方一听就知道，而且也容易聊容易讲。如果这个故事和我们对谈的客户还有一些共同点，能引起客户的共鸣，那就更好了。

比如说，如果你是一个保险产品的推销者，现在有一个社会热点，就是某某豪门，他的家族财产继承出现了问题，引起了家族纷争，最后闹成了一个社会上的笑话。如果你的推销或者是对谈对象，也是一个有很多财富的人，通过讲这样的社会热点故事，带出你的产品和你的产品介绍，进行一个结合，那就再自然不过了。

除了讲社会热点故事，你也可以讲一些和自己相关的故事，或者自己身边朋友的故事。因为自己亲身经历的事情和感受，是最能直接传递给客户的。这些故事也能更好地拉近人与人之间的距离。

不过讲故事的时候还要提醒大家，不是什么故事都能讲的，不能随便乱讲，这个故事得是真实发生的，至少得是八九不离十的。讲的时候要注意五个 W——什么时间（When）、什么地点（Where）、什么人物（Who）、发生了什么（What）、为什么（Why）要给大家讲清楚，这些都是真实的细节。主人公也是要有真实姓名的，这个故事一定要真实。

另外，就是讲故事的时候，要注意细节的描述，细节化的东西，往往最能勾起人们的共同话题，引起人们的注意。

3.D: Desire, 激发客户的购买欲望

我们接着再说说 AIDA 法则当中的第三个字母 D，Desire，激起客户的购买欲望。这是我们营销中非常重要的一个环节。

如何说才能激起客户的购买欲望呢？

（1）善用语言来描述场景，让对方仿佛身临其境

要做到这一点，你得善用语言来描述场景，换句话说，就是你要会用场景化的描述语言。

比如说，你要推广、销售的这个产品是一套房子，那么你在和客户交流的时候，如何面对着沙盘，用你的语言把这个房子的优点，它周围的环境、景色，都描述得像客户亲身感受到一样？你要通过你的语言描述，让客户能够想象到他住进这个房子幸福的感觉，身临其境，这就是语言的魅力。

所以在做这类产品介绍的时候，你的描述要更加具体，细节要更加突出。

你可以跟客户说，住在这个房子里，每天清晨能够听到鸟语，闻到花香；深深地吸一口气，空气里都是负氧离子，都是幸福的味道。每天早晨拉开窗帘，阳光不自觉地就洒了进来；到了晚上，还能听着涛声入睡……这个房子简直就是世外桃源。

你看，通过语言，你描述了一些场景，让客户自己在脑海里不断去营造这样一个场景，这样的介绍语言显然更能激起客户的购买欲望。

（2）多用与感官相关的语言来描述产品

另外，除了场景化的语言描述，我们还要多用与感官相关的语言来描述。

如果你推销的是一款饼干，你可以这样加一些感官性的描

述：当你打开包装的时候，饼干的香气扑鼻而来，每一块都又香又软；无论是裹上奶油，还是蘸上沙拉酱，都是入口即化的美味。饼干下肚之后，它的香甜仍然会在口腔中回荡。你看加上了这些感官描述之后，这款产品顿时在客户心中变得立体了，也更有趣了。

（3）善举例子，引起对方的共鸣

怎么激起客户的购买欲望，还有一点，那就是要学会举例。

我们之前说过，人和人之间要尽量找到一些共同的地方，才能更好地拉近距离。那么我们在营销过程中，可以通过举一些和我们的营销对象、我们的客户相关或者是有共同点的例子，引起对方的共鸣，来拉近与他的距离。

比如说，你的交谈对象是一个儿女不在身边的老人，那么你所举的例子，最好也是关于一个老人的。这个老人，他的儿女也不在身边，在很远的地方工作，甚至可能在国外，但是他通过我们的产品，构建了一个朋友圈，进入了一个社区，每天把自己的生活安排得非常充实，让自己的生活过得特别好。

这样的例子，让我们的客户可以从中找到共鸣，找到共通点，通过自身的感受，去了解产品。

4.A: Action, 摸透客户的心理, 促成购买行为

接着我们再说说 AIDA 法则中的最后一个字母 A，那就是 Action。正是这最后一步，促成了客户的购买行为。

（1）不要把焦点放在购买时间上，放在产品本身的数量上

前面的三个步骤已经形成了很好的铺垫，如何在第四个步骤，也是最关键的环节，促成客户的购买行为，或者是达成有效的商务合作呢？

往往有些推销人员，会在时间上给客户一个压力。比如说你看我们这款产品，打折的期限或者优惠的期限，只有这一周，因为这是春节前，或者是圣诞前，所以您得尽快购买。其实这样说，往往会让客户觉得压力很大，你是在催促他、怂恿他，这样说的效果往往不会太好。

其实我们完全可以换一种说法，**不要把焦点放在购买时间上，而要放在产品本身的数量上。**

比如说这款产品是我们的限量级产品，只有 VIP 客户才有资格购买，您是不是考虑一下？这样你在夸这款产品的同时，也抬升了客户的地位，他会感到因为他是你们的 VIP 客户，才能拥有这款产品。

（2）运用框架效应：让客户感觉到自己获益

其实在促成客户购买这个环节，还有一些技巧。我们经常会运用经济学中的一些原理，比如说我们的微观经济学中，有一个叫框架效应的原理，是指人们对一个问题的不同描述，导致了不同的决策判断。

举个例子，在一个加油站，每升汽油卖 8.6 元，但是如果以现金的方式付款，可以得到每升减免 0.6 元的折扣。在另一个加油站，每升汽油卖 8 块钱，但是如果以信用卡的方式付款的话，每升要多付 0.6 元。显然从这两个加油站中的任何一个加油站购买汽油的经济成本都是一样的，但是大多数人却认为，第一个加油站要比第二个加油站更有吸引力。

因为他们认为这个加油站是和某种收益联系在一起的，即在这个加油站加油，可以得到一定程度的减免；而另一个加油站则是和某种损失联系在一起的，用信用卡付款还要每升多付 0.6 元，这就是框架效应。

所以我们在语言表达上，在介绍一款产品的时候，给客户做推荐的时候，也要注意运用这个框架效应原理。要让客户感觉到他购买这款产品是获得了利益的。

（3）损失厌恶：与得到相比，人们更讨厌失去

在我们经济学里，还有一个概念叫作损失厌恶，讲的是人们在面对同样数量的收益和损失的时候，认为损失更加令他们难以接受。

经济学家还专门做过研究，同样数量损失带来的负效应（指心里不爽的那种感觉），是同样收益的正效应（指心里很爽的感觉）的 2.5 倍。通俗点说，就是你做生意的时候，赔了 10 块钱那种心情沮丧的程度，要远远大于赚了 10 块钱带给你的兴奋。

　　既然每个人都有损失厌恶的心理，那么在我们最后与客户达成协议，促成交易这个环节，我们的语言描述，就更要有一些技巧和智慧了。

　　美国加州大学的研究人员曾经做过一个相关的调查，他们找了 A、B 两个对照组，通过语言上的劝说，希望 A、B 两组的人能够节约能源。

　　他们跟第一组是这么说的：如果你们可以每天节省一些能源，那么每天至少可以省下 50 美元。他们跟第二组则是这么说的：如果你们不能节省能源的话，每天浪费的能源至少会让你损失 50 美元。结果第二组省下的能源竟然是第一组的三倍。这个例子充分说明了人们都有损失厌恶的心理。

　　同样一款产品，如果你在介绍的时候告诉客户，如果他错过了这个机会，这样的机会就再也不会有了，他就再也不可能拥有这款产品了。如果我们两个公司之间没有达成这个协议的话，那么你们将会因此损失一些什么。如果你这么描述的话，最后客户购买你的产品或是你们达成合作的概率就会大大提升。

二、 对谈与提问，要根据对方的话来回应

　　前面我们花了很大的篇幅讲了营销沟通中的 AIDA 法则。但 AIDA 法则是以"我"为主的沟通方式，在我们实际和客户沟通交流的过程中，往往更需要我们去了解客户的想法。

那么如何在对谈中根据对方的话来回应，也是我们营销沟通非常重要的一个环节。所谓对谈，就是从对方的话语中捕捉到有效的信息，做出反应，并由此组织你的下一轮谈话。

1.从对方的谈话中捕捉有效信息

我有一个做房地产销售的朋友，就具有这样敏锐的捕捉能力。有一次他想把一套舒适的复式房推销给某位客户，但他对客户的情况并不是特别了解。于是当他与客户进行面谈的时候，他没有选择一开始就直截了当地介绍房子，而是想通过聊一些家常的方式，先了解一下客户的情况，再进入营销环节。

但是在与客户的聊天中，他了解到客户家里有两位 70 多岁的老人和他们住在一起。这时我那位朋友瞬间就明白了，这套复式房并不适合推荐给这位客户。因为家里有两位 70 多岁的老人，需要经常上下楼对他们来说是非常不方便的。

当他意识到这一点之后，在接下来的营销环节，他改变了策略，放弃了推销这套复式房，并很快根据这位客户家庭成员的构成，介绍了另外一套房子给他，并且得到了客户的认可。

你看，如果我那位朋友没有通过与客户聊天谈话获取信息来改变自己接下来谈话的策略的话，那么他这一单生意一定是做不成的。所以所谓对话、对谈，就是要根据对方谈话的内容，来进行自己下一步的谈话。与客户谈话，切忌一成不变。

2.学会提问，用提问引导对方进入谈话场

在我们营销沟通中有一点特别重要，就是要学会提问。关于如何在语言表达沟通中提问，我会在后面给大家做一个详细的解释，这里主要介绍在营销沟通中的提问。

在营销沟通中，提问也有它的用处。假如你的营销对象并不是一个很健谈的人，那么你打开谈话场的方式，有我们之前提到的讲讲故事，从自己身边的事情或者社会热点事件聊起。还有一种方式，那就是要学会提问，用提问来引导对方进入谈话场中。

总的来讲，提问分为宽泛式提问和集中式提问两种方式。

宽泛式提问，就是这个问题没有准确唯一的答案，客户可以随便聊。比如你可以问他：你最近的工作是做什么呢？有哪些工作在做呀？这就是一个宽泛式的提问，他可以聊很多。再比如你问他，最近社会上有一些热点事情，你是怎么看的？这种问题他就可以侃侃而谈。

而集中式的提问，你往往需要对方给一个准确的回答，比如说他喜不喜欢这种类型的东西，他究竟在未来哪天有时间，这些都需要通过集中式的提问来了解。

所以无论是为了获取客户信息、延长谈话时间，还是构筑一个和谐的谈话场，提问都是非常有效的方式。

三、 用电话、微信营销, 如何才能不跑单

1.用电话、微信语音沟通, 要把握好节奏,
切忌时间太长

　　说完了对谈和提问，再和大家讲讲电话营销沟通和微信语音沟通的一些方法。

　　我们常常会接到各种各样的推销电话，但你往往是第一时间就挂掉。为什么？因为它会占用你很多的时间。所以如果我们要和客户进行电话沟通，怎样做，才能让客户耐心听我们的电话呢？

　　就像我们之前讲到的跟领导约时间谈话一样，首先要进行一个时间的锁定。首先告诉他，这个电话只占用他 30 秒或 1 分钟左右很短的时间；另外你还要站在对方的立场告诉他，这个电话能给他带来怎样的好处，而不是一开始就说你的产品或者你们公司有多么多么的出色。

　　而微信的语音沟通需要注意的是，切忌一上来就发一段几十秒长的语音。当你和客户还没有那么熟的时候，这一上来一露面，就是几十秒长的语音，很容易招来对方的反感。

　　你可以先用文字询问对方，您忙不忙，有没有时间，如果有时间，能不能简短地聊一聊。如果对方接受了你聊天的请求，

这个时候你所发的语音尽量要控制在 30 秒以内，而且不要超过三条，这样一个语音量还有语音的长度，往往对方是可以听下去的。

如果对方当时很忙没有时间，你有两个方法解决：一个就是再和他约时间；另一个就是告诉他，没关系，我给您发几条语音，或者一段文字，您有空了再看，有空了再回复。

电话沟通、微信语音沟通切忌给对方带来压迫感。你想想，当你有一堆繁忙工作的时候，几条几十秒长的语音，你有心情去听吗？当然没有。所以这样的沟通是无效的。

2.如何在朋友圈营销不被拉黑

最后，冯叔叔再给大家讲讲如何做朋友圈的营销。

可能每个人的朋友圈里都有一些做销售的朋友，有的朋友是某企业品牌的销售，有的朋友是运用微信做销售的个体销售人员。其实冯叔叔一直认为，不管哪种职业，只要你用心、刻苦、努力、得法，都一定会取得成功和收获成就感，英雄不问出处。

可是在我们的朋友圈里，为什么有的人能达成合作，成功卖出产品，有的人却被无情地拉黑了呢？还有一些朋友虽然做的不是产品的营销，而是"自我人设"营销或企业品牌的营销，你会看到他们经常发大量和各类名人的合影以及参加各类宴会

等高端活动的照片，当这类内容漫天飞的时候，也会起到适得
其反的效果。

　　冯叔叔要告诉你，打造朋友圈的产品营销以及"自我人设"
营销，基本要做到以下几点：

（1）朋友圈营销内容在于精，不在于多

　　首先，不管你多想推销这款产品，请注意，每天发朋友圈
的条数不要超过五条。

　　心理学上曾做过这样的研究，当你看到同一条开始并不感
兴趣的信息很多遍的时候，你对这条信息自然就会产生一些反
感情绪。同样的道理，如果你在朋友圈发产品信息的次数太多，
就往往会遭到大家的反感。所以朋友圈的产品营销在于精而不
在于多。如果你要发的内容确实很多，可以把内容分分类，好
好地组织组织语言，组合组合再进行发送，千万不要滥发多发。

（2）塑造专一、专业的个人形象

　　第二点就是个人形象的塑造。

　　如果你经营的产品是食品，你的朋友圈除了发产品的信息
外，还可以配套发一些和健康养生相关的知识。你要把每一个
用户，切实当成你的读者，这样的话才更容易产生黏性。而我
们在打造自己形象的时候，一定要专一化、专业化，不要一会

儿是美食家，一会儿又跨界变成了美容专家。要记住，做任何一件事，专一一定会带来更好的效果。

（3）做好与朋友圈留言朋友的互动

第三点，就是做好和用户的互动。

在你的朋友圈留言的朋友，一定是对你的产品、你说的内容很感兴趣的。对于这一类留言的朋友，你可以一开始在公开留言区域进行几句交流之后，再与他私聊，进行更深入的沟通。我一直觉得互动一定要有针对性，那些看到你的营销内容给你留言或点赞的人，都可能是你的潜在用户，那么认真地进行进一步深入沟通，把他们发展成为你最终客户的可能性，就会更大。

营销沟通如何说到对方心坎里

下面给大家总结一下这部分的主要内容。我们在做营销沟通的时候，首先要善用AIDA法则。AIDA法则的第一步是要引起顾客的注意。第二步是要唤起客户的兴趣。其中很重要的一点，就是要做好产品介绍，还要学会调整谈话的节奏，这个过程中会讲故事很重要。

第三步则要激起顾客的购买欲望。我们要善用语言来描述场景，也就是要会用场景式的描述语言；还要学会举例，来让客户找到一个共同点。第四步是促成购买。我们在促成客户购买的时候，一定不要聚焦在时间上，而要聚焦在数量上，这个产品是一个限量版的，用这一点去促成购买。

另外，经济学中的一些原理和营销的关系，比如说框架效应，还有每个人的损失厌恶心理，这些都会对你的营销沟通起到一定的作用。

AIDA法则讲完之后,还给大家讲了如何与客户进行对谈和提问。要善于从客户的话语中了解信息来进行下一步的谈话,另外还要学会提问。

我们之后还讲了电话沟通和微信语音沟通的一些细节和窍门,最后则说了如何进行朋友圈的营销。

冯叔叔精彩问答

在朋友圈应该如何发有关美食的
宣传广告

Q 如果让你发一条朋友圈，是有关美食的宣传，你会怎么去做？

A 朋友圈的营销切忌直接吹嘘，并在醒目位置亮出价格，因为这是朋友圈，你们是因为见过面才建立起的联系，不算好朋友也算广义上的朋友，因此朋友圈的营销，第一点不要让人反感，不要让人觉得你在做熟人生意。

运用 AIDA 法则，你可以先引起大家的注意。朋友圈一般人的习惯是如果有图片一定先看图片，再看文字，视觉的东西往往更能激发人的兴趣。你可以先发几张人潮涌动、排队等热闹场景的照片来引起大家的注意：哇，什么地方那么热闹？人们挤在一起在干什么？之后的图片可以是厨师现场制作的场景，有哪些制作细节揭晓，有哪些有特色的器具，进一步激发兴趣。接着可以有美食的图片，揭晓答案，原来人山人海是因为它！

　　这就像电影的叙事一样，一步步揭晓悬念，美食的色香味又会引起人们的共鸣，让人产生更强烈的欲望。等你让顾客产生购买或加入的决定了，朋友圈下面可以显示地址。文字上你完全可以不直接描述人山人海、味道超赞，因为图片已经说明了一切。你只需轻描淡写一句话"就在这里等你来一起热闹"，或者"控制不住，你就来吧"。这就是运用 AIDA 法则做的一次朋友圈宣传，这比那些图片排列混乱、一堆没有重点的文字介绍要直截了当得多。

总有一天
父母不再能理解你努力的方向
他们只能在电话里
让你保重身体
然后一边垂垂老去
一边盼你回家

05

日常生活
暖心沟通术篇

◎ 所有的共同语言都是慢慢磨合、沟通出来的

◎ 如何正确地说爱？如何把你心中的爱表达出来——
　　爱的五种方式

◎ 如何说，孩子才会听

◎ 父母对我们的爱，就像我们对孩子的爱一样无私——
　　如何与世界上最爱我们的父母沟通

不要吝啬你的赞美和表达爱意的语言

　　前面我们主要讲了在工作职场中如何沟通。沟通真的是无处不在，每个场景、每个环节、每个时间，你可能都无可避免地要和很多人打交道进行沟通。职场沟通的这些内容，是要让大家对在职场上如何讲话、如何沟通有一个概念。有了这个概念，也就是说，你脑子里有了一根弦儿，以后面对类似问题的时候，先提醒一下自己，不要什么话都说，说话之前先过脑，是永远不会错的法则。

　　讲完了职场沟通，我们接下来讲讲生活社交表达术。首先来讲一讲良好沟通是幸福生活的润滑剂。这部分内容要回归家庭，聚焦我们的家庭生活。

　　冯叔叔一直认为，不管你是一个事业上多么成功的人，最终家庭才是生活的根本。如果你要问冯叔叔，家庭和工作哪个更重要？我会说两者都重要，但是如果让我给出一个比例的话，我个人认为家庭重要的程度永远占据 51%，事业是那 49%。

那么如何在我们的家庭生活中，与爱人久处不厌，白头偕老？如何让父母一直能感受到你对他们的关怀？和孩子在一起的时候，怎样才能得到孩子的喜爱，让孩子愿意把你当成朋友，而不是总表现出他们的那种逆反和叛逆呢？进行良好的家庭沟通，就成为打开幸福之门的钥匙。

一、所有的共同语言都是慢慢磨合、沟通出来的

1.为何家会伤人

知名心理学家武志红曾经写过这样一本书，名字叫作《为何家会伤人》。谈到家，我们总能联想到温暖的港湾、心灵的驿站，而武志红却从另一个侧面，聊到了家庭生活可能对人造成的负面影响。这里的家人指的是我们的另一半，或者是长辈，当然还有你的孩子。

和职场上人与人之间的关系相比，家人之间反倒更难彼此理解。因为彼此太过亲密，太过熟悉，对彼此的要求都非常高，所以我们容易忽略说话的艺术，往往是话一出口就伤到对方。

我之前做节目的时候，采访过一位心理咨询师，她告诉我，丈夫出轨、婆媳矛盾、子女不听话，是现代人家庭生活中的几

个主要矛盾。而这么多家庭矛盾产生的核心原因，没有别的，就在于沟通不畅。

　　她给我举了个例子：有位女士曾找到她倾诉说，她很难过，丈夫有了外遇被她发现了，两个人大吵了一架。丈夫辩解说，自己和她根本就无法沟通，话都没法说清楚，说两句她就发脾气，所以自己才找了另外一个女性朋友聊天，其实就是倾诉、发泄一下自己心里的那种郁闷。

　　这位女士的丈夫有一次工作上遇到了麻烦，情绪非常低落，他本来是想跟老婆好好聊一聊，但是老婆在忙着家里的事，忙着带孩子，自己工作上也有很多事，所以就没顾得上理他，也没有意识到这件事可能对丈夫产生的影响，所以就顺口说了一句："你先忙着自己的，回头再说，回头再说。"这位先生的性格比较敏感，听老婆这么一说，就觉得老婆没把自己当回事儿，情绪也没得到缓解，所以就找了一位特别有"共同语言"的女同事去倾诉了。

　　特别有"共同语言"，这里要打引号的，其实在冯叔叔看来，天下哪有什么一开始就特别有共同语言的人啊。所有的共同语言都是慢慢磨合、慢慢沟通出来的。

　　大家看，这两口子的问题，其实就出现在了沟通上。有人说，人的一生中，遇到爱、遇到性，其实都不稀罕，稀罕的是遇到了理解。为什么呢？因为知己难寻啊，而如果妻子恰好在那个时候能够扮演知己的角色，很多家庭矛盾就能及时化解了。

　　这里冯叔叔还想起了另外一句话：对的时间，对的地点，遇到对的人。其实这个事哪有那么玄乎，如果妻子恰好在丈夫受挫的那一刻，把他拉到客厅里，好好进行一番沟通疏解，这不就是对的时间，对的地点，遇到了对的人嘛，丈夫一定会非常感激的。

　　所以这世上没有老天爷安排的机缘巧合，只看你会不会用你的心和眼睛，去发现正确的时间、正确的地点和正确的人。

　　冯叔叔一直认为，夫妻之间、情侣之间，**沟通的第一原则是一定要及时解决问题，解决心中的不满，千万不要积压不满情绪。**

　　遇到问题首先可以自己想想，思考这个问题自己能不能消化，一遇到问题不管三七二十一就找另一半理论也是不明智的选择。自己思考后如果不能解决，或者确实是两个人共同的问题，那好，不要积压在心里，一定要找对方及时沟通解决。

　　很多朋友，可能女性朋友会多一些，老有这样一个幻想，就是很多事我不说，他爱我一定会自己发现，他会感觉到我的需求。其实并不是这样的，每个人成长的环境不一样，也不可能完全了解对方的需求。为什么我们要耗费那么多时间成本去猜对方的心思呢？直接沟通交流是最好的方式，说出你在感情里的需求，让他知道，比什么都重要。

当然怎么沟通才是爱人之间有效及时的沟通呢，怎么说对方才更容易接受呢，冯叔叔在下面提出了一个家庭沟通的 R&B 法则。如果运用好这个 R&B 法则，很多问题就能迎刃而解。

2.R&B沟通法则: 不管对方说什么, 先接受, 再及时反馈

什么是 R&B？可不是潘玮柏、陶喆这些歌手所唱的节奏蓝调。我们这里提到的 R 是 Receive，接受；B 是 Feedback，反馈。Receive 和 Feedback 组合在一起，就是 R&B，也就是说，我们在家庭沟通中，首先要接受，然后要及时反馈。

举个例子，先来看一个没有使用 R&B 策略的错误示范，看看你有没有犯过同样的错误。

有一天老公在家里愤愤地说，新来的头儿太烦人了，初来乍到，就立马立规矩，要求我们每天考勤打卡，以前我们都不打卡的呀。老婆说，别理他，我跟你说，你们部门的员工要是联合起来，反对那些不合理的政策，领导最后也拿你们没办法。

老公接着说，哪能不理呀，我们这个领导太强势啦！媳妇儿接着说，强势的领导我也遇到过，我教你，你可以这样这样这样，就能搞定他。这个时候老公有点不耐烦了，说，行了吧，

这个话题打住打住，翻篇儿。

老婆这个时候看到老公这个态度，很不爽，说，你这个人没意思了吧？我好心好意给你出主意，你还这么不耐烦，什么人啊？这时候老公的大男子主义劲又上来了，说，你没完没了了是吧？我告诉你，我烦着呢，你给我闭嘴！

本来是老公单纯地抱怨工作上遇到的一件烦心事儿，但因两人沟通不畅，变成了一场争吵。

在这段沟通中，夫妻两人犯了怎样的错误呢？一开始丈夫不爽，因为工作沮丧的时候，妻子忽视了丈夫的感受，还给他提了并不能真正解决问题的意见。这时妻子并没有意识到丈夫心里更不爽了，继续提意见，再加上丈夫本身有点大男子主义，夫妻俩就这样吵起来了。

你看，这本来是一件很小的事情，如果刚才的那段对话，用冯叔叔的 R&B 法则的话，结果就会是另外一个模样了。

比如老公说，宝贝儿，这新来的头儿初来乍到就立规矩，要求我们考勤打卡，这以前都不打卡的，烦死人了。

老婆说，可能人家新官上任要烧三把火，没事儿没事儿，让他烧吧，正好我给你烧点热水，泡个脚。你看这么贤良淑德的妻子，先是接受了丈夫的情绪，还顺势给他烧水泡泡脚。

老公接着说，这三把火不要紧，但是折腾我们底层员工啊，以后早上就得早起了，我还想多陪你睡一会儿呢。你看这样的老公就是聪明，他的这个不满，并不是因为自己要早起，而是因为他早起了，就不能多陪一会儿老婆了。

　　媳妇儿听到这样的话当然乐开花了，老公你真的好辛苦啊，以前晚归，现在还要早起，没关系，我理解你，我给你手动点个赞吧，么么哒！老婆表示收到了老公的这份好意，也理解他，并用一个么么哒进行回馈。

　　这个时候，老公说，大家都不容易，你每天要忙着带孩子，还好我有个好媳妇儿。行！我就忍了吧！你看，得到了媳妇儿的认可，老公乐开了花，也把这个情绪给消化掉了，并且在最后还夸了媳妇儿一把。

　　这样的对话，是不是舒服多了？如果夫妻、婆媳、母子之间，都能够多采取这样的表达，理解加输出反馈的沟通模式，很多烦恼和矛盾就能够大事化小，小事化了了。

　　冯叔叔在这里教给大家的 R&B 沟通策略，需要大家真正转变沟通的思维模式，不管对方说什么，一定要先表示接受。这个接受和我们在工作中的接受还不一样，因为和家人的沟通，没有对错；即便他是错的，你接受了，又有何妨呢？

二、如何正确地说爱？如何把你心中的爱
　　表达出来——爱的五种方式

　　其实不管是夫妻之间还是情侣之间，我想爱都是一切的解答，但是爱并不单是你心里爱着对方，他心里爱着你。爱是需

要说出来的，爱是需要表达出来的。所以接下来我们来讲讲，如何正确地说爱，如何把你心中的爱表达出来。

首先我们举一个反例。灰太狼和红太狼，是大家公认的模范夫妻。"嫁人要嫁灰太狼，娶妻要娶红太狼"的段子满天飞，可是私底下，灰太狼和红太狼的矛盾可以说是越来越大。

灰太狼说，我每天给老婆做饭、洗衣、扫地、织毛衣，她却从来不为我做这些事。砰的一声，一只平底锅飞过来了，灰太狼应声倒地。这时红太狼说，谁要你天天在家里做家务了，老娘要的是羊，你给老娘去捉羊。

你看这灰太狼天天埋头做家务，把自己对红太狼的爱，默默地埋藏在这些家务里，他是在用行动表达。但是红太狼要的并不是这种方式的爱。**他们两个表达、接受爱的方式不一样，所以他们都感受不到对方的爱了。**

一位叫作盖瑞·查普曼的博士，出版过一本非常畅销的书，叫作《爱的五种语言》。他经过数十年对世界各地的爱情研究发现，基本上有五种爱的语言，会让爱人间的亲密关系变得更加融洽。

他用这五种爱的语言，为千百万在婚姻和家庭中遇到困难和挑战的夫妻与父母们提供了咨询和帮助。这五种语言分别是什么呢？冯叔叔来告诉大家，就是肯定的言辞、精心的时刻、服务的行动、接受礼物、身体接触。同时要注意，对不同的对象，要使用不同的爱语。

1.对事业心很强的伴侣：多说肯定的言辞

对于一个事业心很强的伴侣来说，对他最好的爱的语言就是肯定的言辞。向他表达爱的方式，是给予口头的赞赏，给予他鼓励，鼓励他去做自己想做的事、感兴趣的事，并且发自内心地欣赏他的工作。

当他主动和你分享工作上的成绩的时候，你应该用心倾听，你还可以深情款款地告诉他：老公，你忙工作的时候好有魅力，我觉得你好棒，或者说我真的好喜欢男人努力的样子。其实大部分有事业追求的人，尤其是男性，都希望自己的伴侣能够欣赏自己在工作领域的成绩，有的时候一句对他工作的夸赞胜过任何良药和山珍。

其实红太狼和灰太狼们的问题就出在这里，红太狼内心希望灰太狼以努力工作、不断地为家庭奔忙打拼的方式，来表达对她的爱。但灰太狼可能没明白这一点，把自己的爱放在了默默陪伴，做家务里。而红太狼也没用语言告诉灰太狼，她需要的是这样一个爱人——事业心很强的伴侣。

2. 对渴望陪伴的心爱之人：分享、倾听，共度精心时刻

对于一个更渴望陪伴的女孩而言，对她的爱就是全心全意陪伴在一起的时光，你要愿意为她花时间。而向她表达爱的方式，就是分享、倾听，以及共同参与有意义的活动。

你可以多安排一些两个人一起的户外活动，比如爬山、去

公园散散步，哪怕一起逛逛超市，买菜做饭，对于她而言都是温馨的时光。两个人相处时千万不要心不在焉，刷着微博，看着手机，还接着工作的电话，这都会伤到那个女孩的心。

3.对默默付出型的伴侣：把爱化作服务与行动

如果你遇到的是像灰太狼这样的一个伴侣，他的爱语是服务和行动，是属于那种默默为对方付出的类型。如果在他洗衣做饭、整理房间的时候，你能陪伴他，肯定他的这种付出，告诉他你也愿意为他做这些事情，那么他的心里就更加满足了。

4.如果你的爱人是红太狼型的，送她"礼物"，大胆秀出对她的爱

而对于红太狼这样的伴侣来说，她可能更欣赏一个事业心更强的伴侣，你可以没有时间陪她，但是你不可以不优秀。

她希望对方是一个优秀的个体，能够带给她崇拜的感觉。她需要的爱语是礼物，这个礼物不仅仅是指物质本身，而是一种视觉象征，是一种爱的表示。

礼物可以是买来的，也可以是自制的，哪怕没有任何物品，只是一种惊喜，比如你带她出席了一个比较特殊的场合。她在乎的是那份心意。面对红太狼这样的伴侣，你的爱，一定要大胆秀出来，最好还要有仪式感。

5.绝不可忘的无声爱语：牵手、拥抱、亲吻，肢体的接触

最后一种爱语是最简单容易做到的，但也是特别重要的，

那就是肢体的接触。一个拥抱、拍拍她的肩膀、一个亲吻，都是表达关怀和爱意的方式。

那么怎么判断我们应该对另一半说什么样的爱语呢？很简单，看对方最在意什么，看你做了什么事，或者没有做什么事，伤害到了对方。

比如说很多女孩常常会抱怨，另一半总不在家，总去应酬，老不跟自己在一起，那么陪伴就是给她的爱语。面对这样的女孩，即使你送再多的礼物，但是你不陪她，她也不会开心。

同样地，你也可以揣测一下对方的爱语是什么。或者和对方交流一下，找出彼此的爱语。我们一定要特别了解自己内心深处的感受，才能找到最好的和爱人沟通的方式。

爱，真的是这个世界上最美好的语言，但是又是最难学习的语言。有一句歌词是这样唱的，"爱对了人，情人节每天都过"。其实关于爱这件事，最重要的不是有没有爱对人，而是你有没有用正确的方式去爱那个人。

冯叔叔以自己的亲身经历告诉你，在感情里虽然需要上面说到的相处技巧，但爱才是一切的解答。有些伴侣在感情里总试图说服对方，给对方讲道理，把自己认为的相处之道，说教给另一半。

殊不知，感情不是课堂，能说会辩的不一定幸福，有时候，用行动、用爱去温暖另一半，比说教让她明白和了解你要有效得多。爱是一切的解答，他爱你才一定更容易接纳你的观点。

三、如何说，孩子才会听

说完了爱的五种语言，如何正确地表达自己对爱人的爱，我们再来说说，如何和我们的子女沟通。

和孩子沟通，其实是这个世界上最快乐，但是又最容易让你哭笑不得的事情。和子女沟通，同样考验父母们的智慧。我们以和 2 到 6 岁的孩子沟通为例，有这样一个场景：

我们和孩子约定了看 5 分钟的动画片，到时间了，90% 的孩子都会说还要看。这时候妈妈表示，那不行，时间已经到了。孩子一定是先嗷嗷大哭，然后就冲上来拍打妈妈，不不不，我要！就开始要赖了。

1. 当孩子哭闹时，这几种做法只会让孩子变本加厉

以下这几种方法是我们家长面对孩子哭闹的时候，常见的错误做法。其实这样做不仅没用，反而会助长孩子不听话的劲头。

第一种错误做法：

用乞求的语气说，宝宝乖，别打妈妈了，以后不能打妈妈好吗？这种语气，让孩子觉得他的行为是被纵容的，反倒是家

长在求他。这样的话，他下次可能会继续打人。

第二种错误做法：

用激烈的语言责骂孩子，你怎么能打妈妈呢？你这样不对。反手几个巴掌打了孩子。你想想孩子还不到 6 岁，他其实完全无法准确理解这些语言的潜台词，而你这种责骂的态度，还会激发他内心叛逆的小猛兽，孩子可能会更加地反叛、抗拒、不配合。

第三种错误做法：

就看他在那儿表演。其实冯叔叔告诉你们，有时候孩子打人，是为了赢得妈妈的关注。这时候如果你待在原地看他表演，他反而觉得，你关注我了，他更满足了。打妈妈能够激起妈妈的愤怒，看来他这样做，很能得到妈妈的关注，他当然更起劲儿了。

2.接纳孩子的坏情绪,让孩子感到被理解

面对孩子这种无理哭闹的情况，父母最好的做法就是离开，一个严厉的眼神，胜过一千句训斥。这个时候妈妈最要紧的事，是教会孩子如何管理好自己的情绪。

有研究发现，如果一个人被激发了愤怒，他看世界可能会更简单化、绝对化，事情变得非黑即白，我都是对的，你们全是错的，我受了委屈，我讨厌你们。这是孩子小的时候，很容

易出现的情绪。

　　这个时候，人的交感神经系统非常的兴奋，肌肉紧张、血压和体温上升，为他将要实施的行动做好准备，要么打人，要么就打烂东西。美国心理治疗师斯蒂文·史多斯尼也认为，愤怒的根源是脆弱的自我受了伤，因此对待愤怒的人，首先要接纳他的情绪，大人是这样，我们的孩子更是如此。

　　对于父母来说，当孩子动手打人的时候，表现出的潜台词是我很生气，那么父母就要努力先接纳孩子的这种情绪，和孩子取得共情，要融合他的这种情绪。

　　在这里可以用到冯叔叔前面提到的 R&B 原则。

　　妈妈应该先接纳孩子的情绪，可以说，好，妈妈知道你想看，这一集真的很好看。这个时候可能孩子仍然在哭泣，但是他感到他的情绪得到了理解，妈妈可以继续说，但我们约好了只看五分钟的，我们明天再继续好不好，我们要做一个说话算话的宝宝。

　　如果这个时候孩子还没有停止哭泣，只是情绪稍微有点缓解，比刚才好一点的话，妈妈可以抱抱他；如果这个时候孩子还是号啕大哭不止，依旧很暴躁或者很愤怒，那么父母最有效的做法是，离开现场，让他一个人留在那里。

3.这样跟孩子沟通，孩子才不会抵触

　　和孩子打交道，确实需要很多的智慧，还有耐心。所以在

这里冯叔叔给大家讲几个亲子沟通的小妙招。

（1）制定规则

首先，第一个就是制定规则。国有国法，家有家规。如果家长在和孩子相处的过程中强调规则，那么孩子也能够有这样一个规则意识，这样以后相处、沟通就会更容易一些。

（2）多使用短句

第二点就是多使用短句。和孩子说话的时候，要充分吸引孩子的注意力，一定得让孩子听明白，因此最好不要使用很长的句子。最好把一个长句子拆成一些短句。比如说宝宝该吃饭了，只能看五分钟动画片，睡觉时间到了。这样的短句，其实更容易形成一种口令式的语言，让孩子更容易记住。

（3）戒掉"不"字，告诉孩子该怎么做

第三个妙招就是把"不"字戒掉。孩子在家里很调皮，家长总爱说，你不要这样，不要那样，你不许这样，不许那样，你别在墙上乱画，你太调皮了，别在地上打滚……其实孩子还是不知道，我该在哪儿画，我该在哪儿打滚。所以你可以说"你可以在桌子上放好的白纸上画画，你到沙发上打滚好不好，地上很脏"。你不仅要告诉他"不"，还要告诉他，他该去哪儿。

（4）试着多用温柔的语气提问

第四个小妙招，就是试着多提问。不要老用责备的语气，

要多使用温柔建议的语气，例如：不然你说说看，妈妈很想听听你的想法。宝宝，你觉得这件事情应该怎么做呢？宝宝今天看的这个动画片，你觉得精彩的地方在哪儿啊？你看，你用这种提问式的语言和他沟通，慢慢地引导出他的一些真实想法，你对孩子也会更加了解。

（5）把孩子当作大人，平等地对待

第五个妙招就是跟孩子交谈的时候，一定要真正平等地把他当作一个大人来对待。你要面带微笑，努力倾听，要看着他的眼睛，这些细节做到位之后，孩子才能真正感受到你对他的那种尊重和爱。在以后和别人交往的时候，他才能够真正地尊重别人。

（6）不要着急给孩子建议

最后一个建议，就是不要着急给孩子建议。有时候孩子在幼儿园发生了一点小事儿，回来纯粹只是想说一说，告诉一下父母，并不是真的在抱怨。

比如说他会回来跟你说，我们幼儿园班级里养了一只小乌龟，最近好像生病了，死了，我好难过。这个时候有的家长就会说，没事儿，这多大点事儿啊，没关系，妈妈再给你买一只。

其实孩子也许只是想抒发一下他难过的情绪，并不是真的想听妈妈的建议。你可以说，那你一定很难过吧，小乌龟可能去找它的朋友去了，然后摸摸孩子的脸，摸摸他的头发，陪他一会儿。

　　孩子是这个世界上最可爱的天使，我们要以一颗同样纯真的心面对他们，和他们沟通的时候，更要有一些方法。

四、父母对我们的爱，就像我们对孩子的爱一样 无私——如何与世界上最爱我们的父母沟通

1.与父母沟通的第一要务：主动联系，多汇报

　　说完了和孩子如何有效地交流沟通，再说说和我们的父母沟通的时候，要注意些什么。其实说到这里，我就想到一句话：可怜天下父母心。父母对我们的爱，就像我们对孩子的爱一样无私，但是往往因为两代人的代沟问题，很多时候他们的这份爱，在我们这里变成了唠叨和不理解。

　　其实和父母，或者说和我们的上一辈沟通，很重要的一点就是，我们要采取主动的原则。

　　大家可以想一想，在我们的生活中，大部分时候，都是父母主动给你打电话。有的年轻人只要父母不给他打电话，他甚至连条微信都懒得发。所以和父母的沟通，第一步就是要更加主动地跟他们联系。

　　我们很多人都没有和父母生活在一个城市，如果你能够主动、定时给父母打电话，主动向父母汇报一下自己的近况，无论是工作上的、家庭生活上的。这样的话，他们就放心了，一

旦他们放心了，就不会总唠叨你了。

冯叔叔有一个特别好的习惯（我要表扬一下自己），因为我父母生活在重庆，没有跟我一起生活，所以我有一个习惯就是，每次回家之后，第一顿晚饭，一定要在家里吃，再好的朋友叫，我也不会出去。

我要在第一天晚上，把我这段时间生活的近况，完完全全地汇报给我的父母，主要是为了让父母放心，这样的话，他们就不会担心，也就不会再唠叨了。所以**和父母沟通，最重要的一点就是要主动联系，主动开口，在他们问你之前，你就先开口，凡事多汇报。**

2.与父母沟通的第二要务: 凡事不要先拒绝

和父母沟通的第二点要注意的就是，凡事不要先拒绝。父母是我们最亲的人，他们所有的出发点都是为了我们好。一旦你明白了这一点之后，父母再给你提很多要求的时候，你可以站在他们的角度，至少口头上先答应，千万不要和父母顶牛，更不要拒绝。

至于他们提出的一些要求如果你有不同的意见，可以在以后慢慢和他们沟通，甚至你可以在执行的时候，按照自己认为对的方式进行，这些都是可以商榷的。但是**一定不要在父母刚提出要求的时候，就从言语上完全拒绝。**

3.与父母沟通还要善于主动承认错误

第三点建议，也是冯叔叔经常使用的一点，那就是主动承认错误。

其实在父母面前主动承认错误，是一件一点都不丢人的事。因为父母是这个世界上我们最亲的人，所以如果你有一些意见跟他们不一致，你不妨先承认自己错了。比如：对！爸，这事儿你说得对，我有做得不妥的地方，我再好好想一想，看看以后怎么做。你看，先承认了错误，让父母觉得你认同他们，之后这种沟通就更加顺畅了。

4.多陪父母到户外走走, 轻松开阔的氛围, 更容易达成共识

第四点建议就是多陪父母到户外走走。在户外轻松开阔的环境中，和父母的很多代沟也就没有了，和父母进行沟通的时候，很多共识就更容易达成。

以上这些建议，希望各位能认真地思考。和父母的沟通也是一门艺术，父母是这个世界上最爱我们的人，我们要用温暖的语言和良好的沟通，让他们真正感受到，其实你是真的真的很爱他们。

冯叔叔精彩问答

如何回答父母有关逼婚的问题

Q 如果春节回家，你的父母又一次唠叨你逼婚啦，问你怎么还不结婚，还不带个媳妇儿回来，或者还不带个男朋友回来的时候，你怎么用沟通打消他们的这种担心呢？

A 关于这个问题，其实冯叔叔的网络课上，很多朋友都给出了自己的回答。在这里我跟大家分享一下。

比如有的朋友留言说，他惯常的做法就是告诉父母，他已经有接触的对象了，或者是很多朋友都在给他介绍，放心，明年一定搞定。

但是冯叔叔也在担心，如果这位朋友真的这么说的话，那父母肯定会说，给我看看照片呀，对方是什么情况啊？以冯叔叔过去的经验，如果你这么说的话，估计整个春节你就别想消停了。父母一定会缠着你问，对方的情况怎么样啊？给我看张照片，她是哪儿的人啊？大大小小很细致的事情，都会问个遍！

当然也有朋友说，他往往就对父母直接说了，现在工作压力这么大，那么忙，他没时间考虑其他的。这样回答也是不好的。父母是这个世界上最爱我们的人，如果这么回答，无疑从另外一个角度伤了他们的心。

所以在这件事情上，以冯叔叔过去的经验来讲的话，我们要尽量做到两个原则：第一个原则就是主动汇报。回到家之后，你主动把你目前个人问题的情况给父母做一个汇报，打消他们担心的念头，这远比他们来问你要强得多了。

第二个原则，要直面问题，相对说实话。父母在和你讨论这些问题的时候一定要直面，千万不要顾左右而言他，既要表明你正朝着他们希望的那个方向在发展，又要把你现在可能并没有达成这个结果的事实告诉他们。甚至你可以跟他们说快了，但是感情是需要磨合和考验的，需要慢慢地观察和了解。

　　关于被逼婚这件事，年轻人如何和父母沟通，真的是一件特别头疼的事。但是冯叔叔要告诉大家的是，感情这件事真是急不来的。我们既要让父母放心，也要遵从自己的内心。

我们都擅长口是心非
却渴望对方明察秋毫

聚会场所的
暖心沟通术篇

◎ 如何在朋友聚会中成为一个备受欢迎的人

◎ 喝茶，人与人之间的深度沟通

◎ 如何化解各种聚会中突发的尴尬场面

为什么会沉默
有些话无人可说
有些人无话可说

　　现代生活、现代职场、现代社交，说句实话，只要生活在城市当中，每个人几乎都无法避免要参加各种各样的聚会。中国的吃饭聚会，历来都不单单是吃饭，它承载了太多的社交使命。

　　春秋时期，齐国晏子在饭桌上"二桃杀三士"；宋太祖赵匡胤取得天下之后，大摆宴席"杯酒释兵权"。古往今来这酒桌上，真是演绎了太多的智谋对决。商场如战场，而今天的吃饭聚会可能更多地变成了吃饭社交或者是社交吃饭。很多生意的合作意向，都是在饭桌上谈成的；很多人脉圈子，也是在饭桌上越吃越广的。

　　但是很多朋友纷纷跟冯叔叔说，我有社交恐惧症，聚会中我总是很沉默，真不知道说什么。有的应酬大家彼此不熟，只是朋友叫朋友就来了，但找不到话题的切入口，一来二去，我就担心自己被这个社会、被朋友圈给边缘化了，身边的人都在你来我往地交流，我好像变成一个透明人一样，冯叔叔你教我两招吧。

一、如何在朋友聚会中成为一个备受欢迎的人

1.心态上的定位:
对聚会中的人都无所求的时候, 心态就对了

其实我觉得关于吃饭聚会或者是社交这件事，我们首先要有一个平和的心态。我们要明白一点，光凭社交是无法获取成功的，或者说得通俗一点，酒是喝不出来真正的企业家的，社交聚会，并不是你生活的核心。

生活、工作的核心，当然是你要拥有超强的能力和一技之长，当你的能力能够让你在社会立足的时候，你的社交、你的吃饭聚会、你的人脉，就会成为你成功的加速器。当你明白了这一点的时候，你在社交场合的心态就大不一样了，你只需要把它当成你生活的一小部分，而这一小部分的社交，会带给你快乐。

当你明白了这一点，你在聚会社交的酒桌上，就会更加地淡定。当你的心态足够平和的时候，当你对在场社交的人都无所求的时候，你会发现，自己说话利索了，也不紧张了。所以，首先我们要从心态上把握自己。当你有了这样一个心态，你会觉得自己突然豁然开朗。

当然有了好的心态，那么我们在饭桌上、酒桌上如何调节

气氛，让人刮目相看，收获靠谱的朋友呢？这就需要一些说话沟通的技巧了。其实冯叔叔也参加过不少的社交聚会，在这里和大家分享和梳理一些说话和沟通的技巧。

2.找准自己的位置，善于一步步化解尴尬

首先，在聚会中想自由沟通，你要找准自己的位置。

刚才我们说的是心态上的定位，而现在说的是，你要明白自己在参加聚会的这些人当中，你个人的语言能力，你各方面的能力是一个什么样的情况。每个聚会中总会有一个话题明星，他就像《王者荣耀》里的那些刺客一样，起着带节奏的功能。他总是抛出一个个的问题，讲一个个的段子，把大家逗得前仰后合，同时还能照顾到全场每个人，这样的人就是情商高。

我的一位作家朋友，他就是这样一个八面玲珑、情商极高的人。我这个朋友的书，可能大家都看过。他就是李尚龙，代表作有《你只是看起来很努力》等。尚龙同学在生活中就是一个情商巨高、非常会说话的人。

有一次我中国传媒大学的一位师哥，现在也是一位畅销书作家、沟通学的专家叫兆民，当时他刚刚新书大卖，说要请我们大家聚一下，庆祝庆祝，于是我们就组织了一个聚会。

大家也知道，北京的交通状况实在是太不好了，基本上6点钟的聚会，7点能到齐就不错了。那天尚龙同学就迟到了，而且几乎是最后一个到的。往往这种情况，迟到的人会比较尴尬，

因为浪费了大家的时间。面对这种尴尬，会说话、情商高的尚龙同学怎么化解呢？

他说，各位真的不好意思，今天高峰期，我们那块儿就是打不着车，我又怕大家等，没办法，就挤了地铁。这外面太热了，赶过来一身汗，你们过来的时候是不是也被热得够呛啊？

你看，尚龙同学这一句话，几乎瞬间化解了所有的尴尬。第一，他表达了歉意，第二他实在是打不着车，这个生活在北京的人都能理解。为了不迟到更久让大家继续等，他只能去挤人山人海的地铁，也真是不容易。

来了之后，他告诉大家外面太热了，热了一身汗，你们是不是也这样？跟大家去寻找一个共同点。你看这样一个人，你忍心去怪他迟到吗？所以在聚会中有各式各样的尴尬，如果你不会说话、不会沟通的话，反而会起到适得其反的效果。

3.第一句话就拉近和他人的距离

另外，各位有没有注意到尚龙同学进来之后，他这句话的后半句也很重要，"这外面太热了，赶过来一身汗，你们过来的时候是不是也被热得够呛啊？"

天气热是事实，那么大家一定都有同样的感觉，这句话的最后部分说到了大家都非常关心的天气，而且大家都在承受这样一个很热的天气，瞬间就拉近了和别人的距离。

所以第一句话怎么说，还真是有一些技巧的。初次见面，

一定要多给人亲切、友善、贴心的感觉，并且话语要多去寻找大家之间的共同点，这样更能消除陌生感。

　　我们主持界有一位前辈，那就是我们非常尊敬的白岩松老师。他有一次在耶鲁大学演讲，开场白是这样的：过去的 20 年中国一直在跟美国的三任总统打交道，但是今天到了耶鲁我才知道，其实中国只是在跟一所学府打交道。你看场下，瞬间就反响热烈了。这句话好就好在，他恰到好处地夸赞了耶鲁大学这个三任总统的缔造者，同时拉近了和耶鲁学子们的距离。

　　所以在社交场合，你的第一句话，或者说你最开始的那几句话，一定要恰到好处，就像我们后面要说的演讲一样。一个好的演讲，只要你的开场做得到位，能够给大家带来共鸣，那么后面的部分你就会更加轻松。

4.讲话贴心，会抖包袱，敢于自嘲自黑

　　我们接着往下讲我们的那个聚会，我这位兄弟尚龙同学有一个非常好的习惯，他为人很仗义，每次不管是谁请吃饭，他总会带上酒。一方面他很好地诠释了礼尚往来这一点，朋友对你好，请你吃饭，你也要适当地给予他们回馈。

　　关键是尚龙同学拿出酒之后说的话：我今天给大家带来一点酒，大家能喝的就畅饮多喝点，尽兴，不能喝的小酌一口，是个意思。你看他这么说，是不是比那些一上来就要求大家满上，今天不醉不归的，要贴心很多呢？

其实在饭桌上开玩笑是一件十分正常的事情，但是有的时候饭桌上的一些人你并不熟悉，或者即便是熟悉的人刚开始就开玩笑也不是很妥当，因此要**让整个聚会进入到一个轻松的氛围中，最好的方法是先开自己的玩笑，也就是那个网络流行语——自黑。**

还是拿尚龙举例，尚龙同学是一个非常会讲故事的人，还会抖包袱，也敢于自黑来活跃气氛，他的故事往往从自己开始讲，而且经常敢讲自己的丑事。

比如一次聚会大家聊到穿衣品位的问题时，他就拿自己开涮了。他说他之所以现在能写出比较畅销的书，是因为他很早就意识到，他这辈子无法长成帅哥，除非整容，因此他很早就把精力放到写作上了。别人风花雪月的时候他在看书，别人游山玩水的时候他在写作，因为早就对自己的形象自暴自弃了，因此他常年跟乔布斯一样，就一个款式的衣服买好几件替换着穿，节约时间、省事。

在他抛砖引玉自嘲的引领下，那顿饭大家纷纷打开了话匣子。我们那顿饭吃得特别开心，大家彼此之间很多的戒备、不开心，全都放下了，能够感受到，大家之间的距离更近了。

你看，这就是一个会说话的人带给身边整个环境的影响。如果你真的想像尚龙一样成为聚会中的中心人物，那么你还要做到后面几点。

5.切忌在聚会中聊太多自己

聚会中的中心人物，可不是真的都在聊自己。经济学里有一个叫作边际效应的概念，就是说刚开始你聊自己的时候，大家还觉得有一些兴趣，还挺新鲜，但是你聊到最后都在聊你自己的话，别人对你的兴趣，你带给别人的快乐，就会越来越少。所以切忌在聚会中聊太多自己。

6.照顾到每个人的感受

如果你想成为聚会的中心人物，你还要注意照顾到每个人的感受。比如说 A 聊自己聊多了，或者聊一件他喜欢的事情聊得太多了，但是 B 对这件事情完全没有兴趣，只是 A 在说。或者 A 和 C 在说一件事情，但 B 并没有兴趣的时候，你就要注意了，多聊一些话题，让 B 参与其中，这样的话，整个场子才不会出现冷场的情况，甚至有的时候还可以主动向话并不多的 B 提问，让他也找到参与感。

7.话要说到关键处

最后一点就是话要说到关键处。比如说这顿饭已经吃了很久了，大家有点疲了，这个时候话少了，在这样的关键时刻，就是你要多说话的时候。

其实这几点说难也不难，但是要特别注意的就是：要有心，你内心深处是真的想照顾所有的人，这个时候你的一些行为就更加自然。

8. 别人说话时用眼神与对方交流,恰到好处地提问

可能有的朋友要问了,冯叔叔,我觉得还是有点难,我的性格太内向了,我真不想成为一个聚会的中心,有没有办法,我不成为聚会的中心,也能在聚会中找到自己的存在感,也能收获快乐,收获一些朋友。冯叔叔说,当然有了。

还是以上面的作家聚会为例。那顿饭的邀请人是我中国传媒大学的师哥兆民,因为他的书大卖,我们才聚在了一起,所以他是这顿饭的主人。

兆民同学其实是一个不大爱说话的人,但是每次有他在,冯叔叔吃饭就特别的舒服,为什么呢?因为他完全没有架子,总喜欢把微笑挂在脸上,而且他有一个细节做得特别好,只要你说话,他一定会看着你,他的眼神会和你交流,这就是一种尊重。

而且他会很恰当地提问,当你说到你刚从国外旅行回来,他会适时地问,你去了哪些城市?这个城市有什么好玩的呢?他会很恰到好处地用他的提问,让大家的谈话延续下去。

其实我们每个人都是需要被关注的,如果你感觉自己比较内向,不喜欢说太多的话,那么你可以让自己在聚会中成为一个多提问的人。除了提问之外,还可以针对聚会中大家在说的话题,进行一些延展和补充,适时地发表一些自己和别人不一样的观点,这也是一个不错的方法。

9.多说善意的场面话、互怼话、俏皮话

其实不管你是口才很好、能够语出惊人的人，还是一个非常内向、不太爱说话的人，我们参加聚会社交往往都会听到这几种话。

（1）说善意的场面话，消除聚会现场的尴尬

比如有一次一个程序员团队聚餐，程序员一般都是技术很好、话不多的人。酒过三巡，气氛还是不活跃，按照聚会的发展规律，此处应该是有一个高潮的。但是大家还是寂静无声，沉闷不已。一个程序员看老板面子有点挂不住了，赶紧站起来说，大家听我说，在座的每一位，恐怕在对付电脑方面都比老板要懂很多。

大家一听，这是要闹哪样，这个人胆子不小。结果他话风突然一转，但是我们懂得再多，还不是要听老板的？为啥？因为老板他有格局呀，他有战略眼光，他是元帅，我们不过是小兵，所以我提议，人人有份，敬咱们老板一杯。

这种话就是我们在聚会中经常听到的场面话，可能很多朋友要说了，那小伙子简直太假了，咱不能做一个虚伪的人。其实换个角度思考一下，虽然乍一听，那位程序员说的话，有一些言不由衷，就是我们大家说的假，但是你要想想那样一个场合，大家都不说话，场面多么尴尬，所以那位程序员说的话，叫作善意的场面话。

（2）朋友间的互"怼"，活跃聚会的气氛、增加乐趣

还有一种话，反正冯叔叔在参加聚会时经常听到，叫作互怼的话。有时候两个关系比较不错的人，会以这样的方式进行沟通，其实仔细想想，这样的话在聚会中也是必不可少的。

比如你会对一个好朋友说，你最近怎么回事？媳妇儿怎么把你喂得这么胖啊？你今天要是喝多了，恐怕没人能把你扛回去，谁要扛你，你一定把他给压扁了。你朋友可能就得怼回去了，得了吧你，你真是脸皮厚，我这只有你的二分之一好吗？

仔细想想，在很多人聚会的时候，这样互怼的场面经常能给大家带来不少乐趣。

但是大家要注意，这种**互怼的交流方式，只能在关系特别好的朋友之间说**，既不会让对方感到不开心，也能让这个谈话场热起来，不冷场。

（3）说俏皮话，让大家感到开心、放松

第三种我们经常在聚会中听到的话是俏皮话。会说俏皮话的人在聚会中永远是受欢迎的，因为在如此繁忙的工作之余，谁不想听到一些让自己开心、放松点的话呢？如果你会讲一些让大家开心的俏皮话，会说一些笑话，那么你一定是人见人爱、花见花开的。

10.聚会中要少抱怨工作，少聊领导；不要过度秀自己

当然了，在有很多人的聚会中，有一些话题还是要尽量少聊的。

首先第一点，要少聊工作，少聊领导，少聊工作中遇到的不顺的事情，千万不要抱怨。

第二点，不要过度地秀自己的幸福，秀你又挣了多少钱，秀老公又送了你多贵的东西，这些其实容易招来别人的嫉妒。有一些事情，淡淡地说，或者一笑而过即可。

第三点，尽量不要在聚会中聊大家共同认识的朋友，以免变成背着人家吐槽，说人家长短。

说完了"坑"，我们再说说在聚会中都有哪些不错的主题可以聊呢？其实很简单。跟年轻人多聊聊星座；跟有孩子的人就聊孩子的事儿；跟没有孩子的人，我们说说兴趣爱好，比如足球、读书、电影……

比如跟冯叔叔聊天，你就可以说，冯叔叔你真帅，360度无死角，美男，那我就高兴坏啦。如果你继续问我，冯叔叔你看球了吗？最近巴塞罗那梅西表现得特别好。你要这么问我，我又迫不及待地打开话匣子，跟你聊上十块钱的了。

所以饭桌上的聊天，还真得因人而异，投其所好。就像我们前面讲到的鬼谷子的沟通术一样，根据人的不同性格、不同特点，选择和他们更契合的聊天方式和内容。

二、喝茶，人与人之间的深度沟通

如果说吃饭聚会的作用在于交际，那么茶局的主要作用，则在于人和人之间相对深度的一个沟通。而且还要懂点茶，才能喝好茶局。如果你和一个朋友，或者几个朋友约的是喝茶，目的通常就相对简单了，你们可能要进行更深入的探讨和了解。茶局和吃饭聚会，显然是两种不同的沟通方式，所以我们得懂一点茶道，才能更好地与人沟通交流。

1.斟茶有顺序，敬茶不能倒太满

首先要注意敬茶不能倒太满。酒满敬人，茶满则欺人。酒是冷的，客人接手之后，不会被烫，满盈的酒杯也代表着主人的好客；茶是热的，如果满了，接手时，茶杯会很烫，有时还会因为被烫到导致茶杯掉落，让气氛变得尴尬。所以倒茶的时候，不能倒太满也不能太烫。

另外，饮茶也是很讲究的，在客人跟前说声请喝茶，对方会回应谢谢。如果在客人比较多的场合，茶杯不便收回，便放在各自面前，第一次斟茶的时候，先尊老后卑幼。而第二次斟茶的顺序，则可以按照座次的顺序进行。

2.接受斟茶的时候，需要有回敬

对于客人来讲，同样有茶桌上的礼仪，在接受斟茶的时候，需要有回敬，作为长辈要用中指在桌上轻轻弹两下，而作为小辈或者平辈则要用食指在桌面轻弹两次，表示感谢。另外，饮茶切不可嘬出声音，茶道是我们中国的传统文化，雅永远都是放在首位的。

三、如何化解各种聚会中突发的尴尬场面

其实在任何人多的聚会当中，总会有大大小小的尴尬场面出现，有的是你自己的，有的是你的小伙伴的。不管是你还是你的小伙伴，遇到了这些尴尬，如何用高情商巧妙地把它化解呢？冯叔叔接下来给大家分享几招。

1.化解尴尬场面第一招：转移话题

举个例子，冯叔叔的一个朋友是一个公司的高管，以前在大家眼里总是风光无限的那种角色，但是最近部门换的领导跟他不是很对付，所以在这个情境之下，他选择了辞职。本来心情就不太好，比较郁闷，而那天在一个聚会上，正好有一个并不是太熟的朋友也出席了。那个朋友一坐下就说，我看到你们公司最近很好，广告到处都有你们公司的身影，不错不错，恭喜呀。

你想想这个时候那位离职的朋友心里作何感想？本来自己在公司里前途一片大好，但是突然换了一个新的领导，跟自己不对付，闹到了辞职的地步，心情当然非常沮丧。

但是面对一个不太熟的朋友，这个时候无法告诉他，自己已经不在那儿干了，辞职了。这个时候他真希望现场有一个朋友能够站出来，帮他打个圆场，所以那一次冯叔叔在这样的关

键时刻站了出来。冯叔叔用的就是转移话题这一招。

冯叔叔是怎么转移话题的呢？既然那位不太熟悉的朋友说到了辞职的那位朋友，他前公司的产品非常的火，到处都能看到广告，冯叔叔就顺着这个话题说：哎，不是！我觉得目前另外一个公司的那个产品才是市场上最火热、最抢手的，怎么能是这个呢？

这样冯叔叔就和那位朋友产生了一些小小的分歧和争执。冯叔叔坚持自己的观点，并且给那位朋友列出了很多理由。就这样冯叔叔成功地把话题聚焦到了两家公司的产品孰优孰劣这件事上，自然而然地化解了刚才谈话中的尴尬。

2.化解尴尬场面第二招：敢于自嘲

而化解尴尬的另外一招，就是要敢于自嘲。自嘲是什么呢？自嘲其实和我们前面提到的自黑类似。自嘲就是自己说自己不好，自己嘲笑自己。当然了这个嘲笑可不是真的嘲笑，**自嘲其实是一个人如何看待自己的态度，而有时候敢于自嘲，可以化解很多尴尬。**

有一段时间，冯叔叔早间的节目比较多，经常都是四五点钟起床，非常辛苦。那段时间冯叔叔掉了不少头发。有一次吃饭的时候，一个以毒舌著称的朋友，进来之后就说，你这头发越来越少了，发际线又升高了一米啊。那天在场的有很多朋友，大家都不知道该怎么说了，在这样一个尴尬的时刻，冯叔叔只能自己给自己解围了。

我就说，怪不得我觉得最近自己怎么变聪明了，原来是头发变少了，聪明的脑袋不长毛啊，在场的所有朋友都哈哈哈地笑了起来。在笑声中，那位朋友就不再继续这个话题了。

3.化解尴尬场面第三招:
用吉言、赞美的话把对方的火压下去

接着我们再说说化解尴尬的第三招，那就是用吉言化解尴尬。这里的吉言就是好听的话，或者是一些赞美的语言。

冯叔叔经常去一家理发店，这家理发店的师傅真的非常会说话。有一次他给我剪得太短了，头的两侧都露出头皮了。我就有点不高兴了，但是冯叔叔一直很有素质，也不太好发作，就抱怨了一句，"今儿这个头发，好像有点太短了。"

那位师傅没说话，然后拿出了镜子，给我两侧照了一下，说:"你看啊! 这次我稍微把边上给你剃得短了一点，我是觉得吧，你最近瘦了，所以边上头发短点，显得更加精神，因为这个瘦脸形配两边短发非常的合适。"

你看这位师傅短短两句话，就把我之前生气的那些火给压了回去，他既说了我这个发型显精神，另外又说我瘦了，那我当然开心了。所以在很多尴尬的场合，有时候用吉言就可以化解。

朋友聚会中如何调节气氛，让人刮目相看

最后，我们总结一下如何在聚会中进行沟通的主要内容。首先我们说到了在各种聚会社交中，我们如何自如地沟通，第一，我们要摆正心态，找准自己的定位，刚开始的话要尽量说得贴心一些。另外，如果想在聚会中自如地沟通，不要聊自己聊太多，要照顾到每个人的感受，话要少而精，要说到关键处，特别是在转折性的关键时刻。

如果你是一个内向的人，那么在和大家聚会吃饭的时候，多把笑容挂在脸上，可以通过提问来延展对话。当然也可以对正在讨论的话题，进行一些补充，表达自己的观点。在饭桌上有时候场面话、互怼的话，或者俏皮的话，也是可以调节气氛的。聚会中有一些话尽量不要说，比如工作不顺的事不要谈，也不要过度地秀你的幸福，不要在背后议论共同认识的朋友。

而到了茶局中我们要遵守茶道礼节，注意茶局中的礼节也是对谈话对象很好的尊重。最后我们说到了在社交中，为别人为自己化解尴尬、打圆场的几个方法：巧妙转移话题，敢于自嘲和用吉言化解尴尬。

冯叔叔精彩问答

在饭桌上，
如何委婉拒绝年长朋友的敬酒

Q 如果在饭桌上，一位年长的朋友非要敬你一杯酒，但是你今天确实身体非常不舒服，还吃了药，不能喝这杯酒，如何用语言去化解？

A 关于这个问题，在冯叔叔的网络课中有很多网友回答说，年长朋友的敬酒无论如何也得喝啊，但冯叔叔觉得不必如此。那么在此，冯叔叔给大家提出一个参考的做法。

如果一位年长的朋友端着酒向你走来，要给你敬酒，但是你今天确实不能喝，那么首先你动作要快，第一时间赶紧接过年长朋友的酒杯，再倒上一杯茶，然后赶紧把茶杯递给年长朋友，跟他说，不好意思，我今天感冒了，又吃了感冒药，不怎么能喝酒，所以您也别喝酒了，喝茶吧。然后这个时候你可以给自己的杯子里倒上酒，抿一小口，说"我就喝这一小口了"。

这么做既避免了让年长的朋友喝酒、你不喝这样一个不对等的尴尬，而最后你喝了一小口酒，但是年长的朋友没喝，也表明了你对他的尊重。这就是我们在社交场合上的随机应变。千言万语，其实想告诉大家，要摆正我们的心态，社交只是我们成功的一个助推剂。过分地沉迷于社交，对每个人的发展都不是一件好事。

大概我们只能在
朋友圈里看完彼此的一生了

如何利用社交工具
迅速扩大人脉篇

◎ 如何在微信朋友圈中树立标签，做自己的个人品牌
   营销专家
◎ 如何通过朋友圈判断一个人是不是靠谱
◎ 扩大人脉的精简六步法则
◎ 群发微信和微信群里的聊天技巧，避免成为话题终
   结者

如果你想结束聊天
请用"嗯"或"哦"
否则请用"嗯嗯"或"哦哦"

大家知道，使用社交工具进行沟通是我们现在沟通当中非常重要的一部分。我们的社交工具，比如微信以及它拥有的朋友圈，似乎是现代人最常用的，也是几乎每个人都有的社交工具。由于快速的工作、生活节奏，你有没有发现，虽然你和一些朋友在同一个城市，但是一年都很少能见上一面。所以我们的社交工具承载的这种社交功能，甚至超过了见面的社交。

那么如何做好社交工具上的社交，进行个人营销呢？又如何利用社交工具来判断某些人，是不是靠谱呢？下面我们就说说如何利用社交工具，进行自我营销，并且识人、辨人，迅速扩大靠谱的人脉圈。

一、如何在微信朋友圈中树立标签，
做自己的个人品牌营销专家

当下有个词特别流行，叫作人设。在我们这样一个快节奏且信息海量的时代，很多人觉得"个人人设"的建立很重要，它会让你在人海中被别人一下子发现并认知。在冯叔叔看来，"个人人设"狭义地讲就是你个人的特点、标签，是别人一提起你的名字，从别人口中蹦出的第一个词。

比如在我们主持人里，一提起水均益老师，你们，甚至你们父母辈的人（水老师千万别打我，您永远18岁）会蹦出一个词——"专业、严谨"；体育迷一说起韩乔生老师，男女老少都会不约而同地蹦出这个词——"大嘴"；撒贝宁小撒呢，"幽默""芳心纵火犯"；我大学同学小尼，尼格买提呢？"青春""帅气""阳光""英俊潇洒""机智过人"……我觉得就这些词远远不够，在我心里，他就一个词形容，"完美"，哈哈哈。

这就是主持人的个人人设，换句话说，这是主持人的标签。你想想，主持人的标签是在一期期节目的录制中，积累形成的观众对你的人设认知。那我们普通人的个人人设又该如何建立呢？

1.怎样通过朋友圈树立自己的品牌

在《走红：如何打造个人品牌》中，作者提出了非常鲜明的个人观点：每个人都有自己的品牌，或者是自己的标签，从你脚上穿的鞋，到你携带的旅行咖啡杯，每样东西都是你个人品牌的一部分。在当今的商业社会当中，你应该成为自己个人品牌的营销专家，给自己打上一个标签，管理好自己的外在呈现，以及融入圈子，成为某个群体的一员。

　　这本书上的这一段定义说得很有道理。那么在现在这样快节奏的生活、工作当中，我们如何为自己找好一个定位和标签呢？

　　首先想一想，你的标签是什么呢？中产阶级、互联网人、码农、广告人，所谓光鲜的媒体人（其实媒体人是很苦的），或者是小资人士、文艺青年，等等等等，这些都可能是你的标签。

　　那么，这些标签是怎么形成的呢？除了内心真实的对自己的了解和定位以外，出于某些商业上的因素或者工作上的因素，我们也会刻意地给自己打上一些标签。

　　那么除了面对面地和你有很多交流的朋友，或者是平时有深度接触的朋友，是通过真实的接触对你的这些个人标签真实了解的。其他的朋友要了解你的这些标签和定位，大部分都可能通过社交工具，比如说微信朋友圈来了解。那我们首先要讲的是，如何利用微信朋友圈打造我们自身的品牌。

　　朋友圈其实就是个人品牌的一个最好呈现。如果你能打造好自己的朋友圈，就可以在每一次沟通中，传播自己的品牌价值。比如一位从事美容美发工作的发型师，他感觉很苦恼，最近怎么没有太多客人呢？他应该怎样通过朋友圈营销自己呢？

2.多发与自己从事专业相关的活动和资讯，打造你的专业度

（1）多发一些自己参加的相关的专业活动，寻找同路人

如果你经常参加你所在行业的相关论坛及活动，你要大胆地分享。其实互联网的一个重要精神就是分享。当你分享这些活动的时候，可以让更多人了解这一活动，甚至感兴趣的人还可能因为你的分享来参加活动，了解更多的信息。而对这个领域同样感兴趣的人，也会更多地关注你。

其实很多合作，或者有共同爱好、在相同领域工作的朋友，完全可以通过朋友圈的信息去发现。往往很多合作的开始都是通过朋友圈发现、了解、认知，进而产生合作的。

当然有一些朋友晒他参加的活动不是晒活动的内容，而是在晒类似名人合影之类的东西，这就多少会让人觉得有点作秀的感觉。如果你想打造自己在某些领域"专业"的人设，纯粹秀合影类的照片还是要有所控制。

（2）多转发一些行业内相关的文章资讯

第二点就是多转发一些行业内相关的文章资讯，而且在转发的过程当中，要适当地加上自己的一些评论和感悟，阐述自己对行业特殊的见解。

比如说你是一位金融行业从业者，你可以对当下的证券投资环境，宏观经济的走势，经常做一些自己的分析，也可以把自己看到的相关内容的文章转发到朋友圈中，并做出一些自己的判断和分析。

如果你是美容美发行业的从业者，你可以发一些行业当下的动态，国际流行哪些发型发色，分享一些潮流图片，并说出一些自己的见解，也利于自己"人设"的树立，这些做法都在某种程度上，加深了人们对你品牌和标签的一个认知。

当然了，多发多评论只是一种方法，评论到不到点上，发得是不是到位，那就需要真才实学了。有的"半吊子"先生，说得越多，反而越让大家觉得不专业。

3. 当心你的朋友圈被屏蔽：精简你发朋友圈的内容

接下来要讲的也是很多人容易犯的一个错误，就是朋友圈发的消息太多。很多人都有将别人朋友圈屏蔽的经历，主要就是很多做产品销售的朋友广告发太多了。

如果你想成为一个不被别人屏蔽的朋友圈营销者，那么你要控制发朋友圈的条数，一般情况下每天不要超过三条，如果实在要发的内容多，最多也就五条。如果你真的有很多好的活动、好的图片，想要分享给大家，那么你可以进行整理组合一起发，九张图片如果不够的话，你可以拿出一两个空位进行图片组合发送。

另外，在文字的编辑上，一定要短小精练，切记不要发长篇大论，因为当一段长长的文字出现在朋友圈里，大部分时候，大多数朋友都会略过，很少有人会有耐心看完你的几百字大长文。

4.如何编辑阅读率高的朋友圈图文

在这里，冯叔叔给大家举一个好的营销文案的例子。还是拿我们这位做美容美发的朋友来举例。比如说这一周他的店里要推出一系列的国际流行色的染发设计。店里的员工们，一个个都先把自己的头发染成这个颜色了，非常的绚丽。

作为这样一个品牌的塑造，这位设计师朋友挨个把员工的发型拍了照片。这个时候他发送朋友圈的目的是告诉别人，店里新上了一款国际流行色的染发项目。那么朋友圈的文案该怎么写呢？

如果是一般段位的营销者，一定会将这款产品，从头到尾拉出来介绍一下，它是什么样的颜色，在国际上受到了多大的欢迎，得到了什么好评，现在店里打多少折，什么价位。密密麻麻的信息，一定没人看。

而如果是一个段位很高的营销者，他简单几句话，就可以把想表达的东西，完完全全地展现在朋友圈里。

首先你可以来几张店内员工染上这款发色的照片，然后再来一张组合在一起的照片，接下来的文案你可以参考这样写：店里新来的国际潮流色，不一样的人竟然不约而同地选择了同样一款国际潮流色，一样的颜色却带来了不一样的时尚、不一样的精彩。很期待它带给你属于自己的精彩。然后在朋友圈下方显示店面的地址。

其实一条好的朋友圈，它的图片就可以说明很多问题，精致的图片，图片表达的信息，已经不需要太多的文字赘述。简短的几句话，已经可以把你想描述的这款流行发色的特点说得非常清楚。

朋友圈文字的发送，一定要短小精练一些，让大家有一目了然的感觉。而你也不用再多此一举发出地址，每条朋友圈下面的定位足以显示，每个板块都有自己的功能，多写一段反而显得冗长。

5.早、中、晚，掌握好发朋友圈的时间

再说一说发朋友圈的时间。其实发朋友圈的最佳时间有三个节点，在这三个时间段发送的朋友圈更容易被更多的人关注到。

一个就是早上比较早的时候。根据我们做的一个统计调查，基本上每个人都有一大早睁开眼拿出手机刷朋友圈，看有没有新的信息或者是留言这样一个习惯，然后洗漱准备出门。

所以一般情况下，早上7点到8点之间，发朋友圈的人往往会非常少，但是看朋友圈的人并不少。在上班路上，大家在任何公共交通工具上都会有些无聊，所以这个时间段发一些资

讯，或者是一些专业的内容，或者是图片，还是比较有用的。但是如果一大早你就发产品的营销，恐怕没有人会注意你。

另外一个时间段是中午十二点半左右，这个时间段很多人已经吃完了午餐，准备休息休息，刷朋友圈也就成为了一个习惯性的动作。中午的时候，关于营销类的朋友圈，可以适当地发一些了。因为大家看完，说不定下班之后就有消费的冲动了。

还有一个看朋友圈的高峰时间，那就是晚上九十点以后，也就是入睡之前。这段时间大家往往需要放松，了解一下朋友圈别人的动态，看一些资讯，这是很多人常用的放松方式。所以这个时候如果发一些朋友圈，关注度也很高。

6.心灵鸡汤、纯粹的广告、负能量与抱怨、极端个人色彩的东西尽量少发

朋友圈有一些内容冯叔叔个人认为尽量不要发太多，尤其是以下内容尽量少发，甚至不发。

（1）心灵鸡汤

我曾经也被朋友圈里很多朋友的心灵鸡汤狂轰滥炸过，有几个朋友，天天除了心灵鸡汤就不知道要发什么。早上起来一句心灵鸡汤，中午的时候一句心灵鸡汤，晚上又给你一大碗心灵鸡汤。打开他的朋友圈，全是这样的心灵鸡汤。我的天哪，真是多愁善感的林黛玉呀，这样的朋友到最后我会友情地选择不看他的朋友圈。

　　所以心灵鸡汤这样的内容在朋友圈里出现，一定要适可而止，比如说你一两个星期，一段时间有一些心灵的感悟是没有问题的。但是老让别人喝你的鸡汤，一般人可受不了。

（2）完全的营销广告

　　如果你在朋友圈发一条赤裸裸的广告的话，那么一定会让很多人反感。那么怎样说比较好呢？前面我们举的发型师的这个例子，就是相对比较委婉的一种广告营销，甚至可以更委婉一点。

　　比如你是一个快餐店的老板，你大可不必每天都发我们这个店的饭菜多么好吃，菜价有多么便宜。实际上，你只需定期发一些顾客吃你们店美食的照片，再发一些拍得很精致的美食图片即可。

　　你要做的只是把这些美食展现出来，把大家吃美食时的那种满足感通过图片的形式展现出来，其实文字并没有那么重要了。甚至你的文字可以与这些菜、与饭店没有太多关系，比如说你发一组大家吃美食时满足的照片，配上文字：又是太满足的一天。或者你可以配上文字：能量爆棚！然后在这条朋友圈下面留下店面的地址，这样你就完成了一次隐性的宣传推广。

　　如果你天天发与饭店有关的内容会让人反感，所以你只要定期地发一些美食的照片，在大家可能快要忘记这些美食的时候，你再发一些照片提醒他们，大家就又记忆了一遍，然后过一阵儿再发。这样的营销效果，比你天天狂轰滥炸，被人拉黑要强很多。

（3）太负面的、抱怨工作的，或者是比较伤感的语言

另外，在朋友圈中不要发的就是太负面的、抱怨工作的，或者是比较伤感的语言。很多朋友发这样的话语是想寻求别人的关心和关注，得到一些问候。但如果这样的话语太多，就可能给人留下你是一个多愁善感、比较忧郁、并不积极的人的印象。有一句话我特别喜欢，都是成年人了，有些苦要自己尝。

（4）带有极端个人色彩的观点

另外，带有比较极端的个人色彩观点的东西也要少发。因为我们朋友圈的人员构成比较复杂。有单位的同事，有身边的好朋友，也有工作上的合作伙伴，等等，每个人看待我们的方式和心态也不一样。所以发同样一个内容，在不同的人那里，就会有不同的对你的理解。

比如你特别不喜欢一样东西，你完全没必要公开地用带有极端个人感情色彩的语言分享到朋友圈中。**首先你自己的认知未必是正确的，另外就算你的认知有一定道理，也没有必要给持相反观点的人心里带来不舒服。**

比如你看了一部自己觉得并不那么好的电影，我经常会遇到有朋友发朋友圈用极端的语言去评论这部电影，像"太烂了，浪费钱，史上最烂"类似这样的话语。首先是对别人的言语不

尊重，另外也许烂只是你的观点，那些持相反观点的人，也许就会被你这样的话语弄得并不舒服了。

还建议大家不妨把朋友圈分个组。比如说有关工作的信息，让工作组里的朋友能够看到；旅游游玩的信息，让好朋友可以看到；相对有一些营销推广的信息，让潜在的客户，或者朋友们可以看到。分组并不是有什么见不得人的事不想让人知道，而是不要浪费对这类信息完全没兴趣的人的时间。

7.尊重他人，及时回复给你留言的朋友

大家还需要注意一点：别人给你的评论留言，要尽早回复。

冯叔叔到现在都保持了一个比较好的习惯，凡是在朋友圈里给我留过言的朋友，如果我看到了，都会在第一时间进行回复。如果这个朋友跟我很熟，他留言的内容我很感兴趣，那么我的回复会长一些，甚至给他好几轮的留言回复。

如果给我留言的这个朋友，我们并没有那么熟悉，或者是他的留言我并不感兴趣的话，我可以回复一些表情。但是只要回复了，就代表了对别人的尊重。

你可以设身处地地想一想，如果你在一个朋友的朋友圈下面留言了，其实你是很期待得到他的回复，甚至和他交流的，但是过了很久他都没有理你的话，你心里是不是很失落呢？你也会重新定义你和他之间的关系。所以除非你特别特别的忙，或者是留言太多了，回复不过来。正常情况下，有留言，都要及时进行回复。

二、 如何通过朋友圈判断一个人是不是靠谱

接下来我们再讲一讲，如何通过朋友圈识人，也就是说如何通过朋友圈判断一个人是不是靠谱，是不是你志同道合的朋友，能不能与之交往？

如果说这个人，他在朋友圈里展现的标签属性跟你很搭很投缘，那么你和他之间的交往就具备了统一的话语体系，你也能更快地融入到你和他之间的交往中，甚至还可以建立起一个圈子。

如果你能够在朋友圈里较快地辨认出你的"同路人"，那么你们的交往就更加轻松，节省时间了。你可以快速得知，哪些人值得交往，怎么交往，如何沟通，能够迅速拉近彼此的距离。

我们如何通过社交工具找到识人的线索呢？以朋友圈为例，其实一个人在朋友圈中发出的各种信息，都是对他自己的刻画，通过浏览这个人的朋友圈，你就能大概判断这个人是一个什么个性的人。

1.通过朋友圈看出一个人的喜好

首先，我们可以通过朋友圈，看出一个人的喜好。

如果他经常分享一些旅行的照片，说明他喜欢旅行，他的生活相对是比较有活力的。如果他经常分享朋友聚会，说明他人缘好，喜欢热闹，是一个"众乐乐"的人，喜欢和大家相处。

如果他经常分享电影、音乐，说明他是比较文艺的，走文艺小清新路线。如果他经常发自拍，说明他自信，也有点自恋，跟他相处，如果适当地赞美一下他，他会很高兴。

2.通过朋友圈看出一个人的价值观

通过朋友圈，我们还能够看出一个人的价值观。很多人都喜欢转发一些文章、长图、评论等等。打开一个人的朋友圈，你就能大致判断这个人的思想境界，他的价值观是什么。

如果他经常发布有关时政的链接，还加上一些个人的感受和评价，说明他热切关注时事，关注时政人物，站的位置比较高，他很关心时事的变化，这个人三观比较正，渴望跟上时代，也很努力，拥有积极向上的品质。关注时政的人，要有宏大的世界观还有胸怀，同时，他们可能也喜欢被拥护的感觉。

如果一个人经常发一些财经类的链接的话，说明他涉足商业，或者是时刻在思考着商业的动态。这样的人你可以观察一下，他所转发的这些财经类的链接文章究竟深度如何，他自己给出的评论是不是到位和专业的。如果你发现他确实非常的专业，和这类人打交道，我们就要更加地谦虚谨慎一些。多听听对方怎么说，我们可以多学习，同时，他们也喜欢被拥护的感觉。

当然，如果我们通过朋友圈的内容发现和自己价值观相去

甚远的人，大家提前有了了解，在今后的接触中也能做到心里
有数。

3.通过朋友圈看出一个人的审美和品位

现在很多朋友拍的照片都是五花八门，有的人要通过精修
再发出来，有的人草草拍完，就放在朋友圈里。其实这些行为
都无形中暴露了一个人的审美和品位。照片的构图、配色，都
彰显了一个人对美的感知能力。

我有一个主持人朋友，他的朋友圈，每张照片都赏心悦目：
摆盘精美的早餐，咖啡店的一个角落，一个开着的小台灯，有
时候再晒一个红酒杯。这样的人，说明他对生活有品质的追求，
对自己要求非常高。那么和他们交往，我们也要注意一下自己
的穿着，不要因为不修边幅让别人觉得我们太随意。

4.朋友圈有这样几种类型的人

接着我们再说说，如何在朋友圈和朋友进行互动。你会发
现朋友圈有这样几种类型的人。

（1）专门点赞的

一类朋友就是专门点赞的，不管谁发的朋友圈，他都习惯
在下面点个赞，而且他不会看大概内容。只是通过点赞，表达
对别人的好感，让别人注意到他。这类点赞，容易遇到比较尴
尬的时候，比如说他在朋友圈点赞的几个朋友，恰恰彼此都认

识。可能别人看到你给我点了，也给他点了，你是随意点赞的，所以你在朋友的心里，分量也会下降。

（2）专门留言的

还有一类朋友，不管谁发什么内容，他都在下面留言，好美哦、真棒、真好！这类留言往往没走心，也会显得比较尴尬。

（3）从不回复的

还有一类朋友，别人给他点赞，他从来不回应，别人给他留言，也很少回复，这种人叫高冷范儿，往往是那种盲目自信的人。说实话，冯叔叔最不喜欢这种人。

5.怎样在朋友圈中与朋友沟通，留下好印象

（1）对真心欣赏的朋友，由衷写下一些留言

朋友圈是一个礼尚往来的地方，是一个大家分享意见、融合意见的地方，所以在朋友圈里友善地、适当地与朋友进行互动，是你维系好的朋友关系、扩大人脉的一个非常好的方法。

朋友圈的留言互动，要秉承一个真诚的原则。

比如冯叔叔不喜欢的人，虽然和他互加了朋友圈，但是我基本上很少和他互动、说话。如果我和这个人并不熟悉，只是恰好加了朋友圈，我也很少去跟他互动。但如果这个人是你真心很欣赏的一个人，他说的东西你很认同，那么由衷地写下一

些留言，对他发表的一些观点进行点赞，我觉得这是一种真实的表达。这种真诚别人是会感受到的。

（2）换一个角度夸朋友圈的内容，更能夸到朋友心坎里

当然，我们在留言的时候也有一些讲究。比如举个例子，对于同样一些图片，你的评论角度可以适当地换一换。

比如你的一位朋友，他常发一些在各地旅行的美照。一般人的评论或者夸奖就是好美呀、这景色好美，当别人都在夸景美、图美、人美的时候，你可以换个角度，不直接夸美，可以夸这个地方风格很特别，你这组图片的构图很有特点。

如果这个人发了一组参加论坛的照片，你可以夸奖他在工作上的专业性，也可以和他聊聊关于论坛更深入的话题，换个角度，让别人觉得你更用心，这就好过在万千评论当中，都统一说美、帅，其实大家都听腻了。

（3）在朋友圈发现朋友的异常，给予真诚的帮助

另外就是在朋友圈中，要多留一份心。

其实很多朋友通过朋友圈表达出了他对工作的一些看法，或者是最近在工作或者生活上遇到的一些问题。如果这个朋友是你很珍视的朋友，当他的朋友圈出现这些内容的时候，注意，只要他不是一个天天发这种负面信息的人，如果他的朋友圈偶尔出现了很低落的话语，这个时候你应该主动关心一下他，给他发去私下慰问的短信。

有的人心里只有自己，朋友圈发完之后，只关注自己的留言，很少真正去看朋友圈里朋友们发的东西，看他们到底发生了什么事。这类人往往比较自我。但如果你在朋友圈多留一份心，你身边的朋友如果真的遇到了一些问题，通过朋友圈表现出来了，要主动和他们沟通，进行开导，用你的真诚收获真正的友谊。

三、扩大人脉的精简六步法则

接下来，我们说一说扩大人脉的精简六步法则。什么是人脉呢？通俗地说，人脉就是经由人际关系而形成的人际脉络。无论从事什么样的行业，人人都会用到人脉。

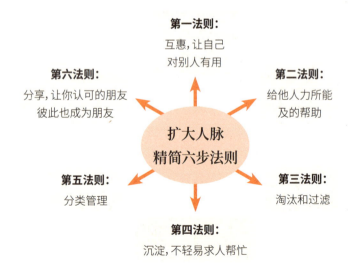

第一法则：
互惠，让自己
对别人有用

第六法则：
分享，让你认可的朋友
彼此也成为朋友

第二法则：
给他人力所能
及的帮助

扩大人脉
精简六步法则

第五法则：
分类管理

第三法则：
淘汰和过滤

第四法则：
沉淀，不轻易求人帮忙

1.扩大人脉第一法则: 互惠, 让自己对别人有用

冯叔叔之前到一个大学去做讲座的时候发现, 这个学校的商学院, 总是能够邀请到很多业内牛人来当客座教授, 虽然这个学校的名头并没有北大、清华那么响亮, 但是为什么这些牛人都愿意来呢? 其实很简单, 那就是互惠法则。

这个商学院的院长也跟我交流过, 他说这些大咖都太忙了, 他们也出不起太多的讲课费, 如果每次你都刷脸的话, 对方也就能来一次, 最多两次, 人家不会长期来, 所以他们采用了互惠法则, 这样更容易请动对方。

首先我们可以告诉这些大咖, 你到我们学院来办讲座, 能有机会把你的思想和对行业的趋势判断, 以及你的个人影响力传播出去, 让更多的人受益。同时, 学院的学生也很能吃苦, 能帮老师做一些事情, 您在给同学分享、教育他们的同时, 他们也能帮您做一些工作。

院长也告诉来讲课的这些牛人老师, 其实学院和一些企业, 包括一些投资机构, 也有一些联系。如果他的一些思想, 包括对行业趋势的判断、他做的一些项目需要对接投资人的话, 那么学院也可以帮忙。学院有固定的渠道, 还有一些公众号, 将老师的讲座发出, 就可以引起投资人的注意。

国际上著名的管理大师, 罗伯特·西奥迪尼写过这样一本书, 叫作《影响力》。他在书中说, 他把互惠法则, 放在第一重

要的位置，一直秉承着互惠的方式，**让彼此双赢，这样你才能持续对别人发挥影响力。**这个案例也告诉我们，互惠法则是扩大自己人脉的第一法则，为此你必须做到，让自己更有价值，让自己对别人有用。

2. 扩大人脉第二法则：帮助，只索取不付出的人，无法在社会上长久立足

　　除了互惠，扩大人脉我们还有几步法则，比如说帮助法则。

　　与一个人从陌生到熟悉，你需要联系对方，把自己的资源和力所能及的帮助给予对方，在人际交往中冯叔叔一直秉承一个原则，那就是先付出，先为对方做一些事情，而且保持不求回报的心态，这个时候你的内心才是坦然舒服的。那些只索取不付出的人，永远无法在这个社会上长久立足。

3. 扩大人脉第三法则：淘汰和过滤，对于自私的人及早去除

　　另外一个法则——淘汰和过滤法则。

　　人和人之间口头上的亲密谁都可以做到，判断对方值不值得继续交往，这需要鉴别和过滤，换个词就是——"得过事儿"。对每个人的深入认知，都是在共同做一件事情的过程中才能建立的。大家一起合作一件事情，如果一个人总是推托，推三阻四的，很自私，总希望让别人多做事，自己多拿利益，这样的人认识之后，就及早去除吧！

4.扩大人脉第四法则: 沉淀, 不要轻易求人帮忙

扩大人脉的第四法则是沉淀法则。

我们可以积极参与你认识的人组织的各种活动, 要不断地交往, 通过这些交往让大家了解你, 也让你更加了解别人, 这样才能增进彼此的感情。但**千万不要刚认识一个人一两天, 就去求人帮忙, 这是人际交往中比较让人反感的事情。**

人与人之间的交往没有一些时日, 很难做到真正熟悉和了解。你在别人并不真正熟悉和了解你的时候就轻易找人帮忙, 会让人觉得你对待人际关系, 还有朋友关系比较草率, 忙没帮成反而会失去一个可能的朋友。

5. 扩大人脉第五法则: 分类管理, 让沟通更快速有效

还有一个法则就是把我们的人脉关系进行一个分类管理。生活上的一类, 工作上的一类, 同学情谊的一类。

有的人是你精神上的导师, 有的人能够在工作上给予你一些指引。有的人是非常暖心的人, 虽然在工作上, 你们可能不会有什么交集, 但是在生活中和他聊聊天, 他让你感觉很暖心, 这些都是值得交往的朋友。

6. 扩大人脉第六法则:
分享, 让你认可的朋友彼此也成为朋友

在冯叔叔的身边有很多我真心认可的朋友, 他们来自很多不同的行业, 和冯叔叔建立了深厚的友谊。他们最开始的时候

并不是彼此都认识，而我喜欢组织我身边认可的朋友一起聚聚会，聊聊天，大家经常在一起交流一下思想，分享各自近期在生活、工作中的一些感悟和体验。

这么做首先每个人都可以从不同行业的朋友那里，汲取很多你不了解的知识和信息；另一方面大家这种接触也会增进对彼此的了解。另外因为你的分享和介绍，你认为靠谱的朋友们彼此也成为了朋友，这对于大家来讲都是好事。

当然分享朋友这件事情有几个要注意的地方。首先刚认识不久你并不熟悉的朋友不要随便介绍给别人，分享的朋友一定是你了解和相对熟悉的。另外，在介绍不同的朋友认识这件事情上，你也可以通过观察身边人的做法来判断他的性格和处事方式。

如果你认识一个人很久了，也聚会了很多次，但是你发现他从来没有介绍过任何一个朋友给大家认识，每次只是一味地通过聚会认识别人的朋友。那么这样的人你需要重新对他进行判断，也许他朋友不多，也许他相对比较"独"，在冯叔叔看来一个愿意介绍朋友给别人认识的人，也许他在其他事情上也是无私的，更值得你珍视。

冯叔叔在这里真诚地告诉大家，**与人交往千万不要太追逐短期的得到，真心换真心，真情换真情，永远先为别人付出，你才能拥有一个更好的人脉圈。**

四、群发微信和微信群里的聊天技巧，
　　避免成为话题终结者

1.群发微信也要分组，让朋友感受到你的用心

　　群发微信，我们该怎么说？大家知道，在各种节日时，你会收到很多密密麻麻的微信。这样的微信往往千篇一律，你看到之后觉得没必要回复，因为它是群发的，所以很多人看一眼就删掉了。但是如果你每个朋友都单独去编写，时间成本也太高了。那么如何做到群发，又让大家感受到你的真诚呢？

　　冯叔叔的小窍门是这样的，往往我的群发也是分组的。平时生活中接触的很多和你很熟悉，又或者对你有过帮助，你需要真心感谢的很真挚的朋友，也许你会单独发。如果熟悉或要感谢的朋友很多，你需要群发微信的话，那么在他们中间分组进行"小范围"的群发。

　　在群发微信的开头，你可以告诉他们，要过节了，这条短信是发给你朋友圈里，或者生命当中 VIP 中的 VIP，很重要的朋友的。

　　然后你再发出感谢的内容，虽然他们知道这是一条群发的微信，但是你在众多的朋友中，把他们归为了重要当中的重要朋友，VIP 中的 VIP，他们也会感动于你的这种真诚。往往我收到这样微信的时候，也会不由自主地进行一个回复。

2. 微信群里的聊天技巧：谦虚、积极参与话题、
　 为别人点赞、适当多发红包

　　说完了群发微信的技巧，冯叔叔再说一下在微信群里的聊天之道。有些人是微信群里聊天的话题终结者，别人抛出什么话题，大家讨论得热火朝天，但是他一句话，这个话题戛然而止。

　　第一点，在微信群里聊天一定要谦虚，因为这个群里的人很多，各种各样的人有不同的心态，如果你老是噼里啪啦地说，而且说的都是和个人相关的东西，那你在群里一定是不受待见的。

　　另外一点，就是对于别人发起的话题，要敢于去扩展，要敢于参与到讨论中，适当地也可以对别人的话题进行一些补充；不要想着在群里当一个话题的引领者，有时候为别人鼓掌，为别人点赞，也是很有必要的。

　　还有一点，就是可以在群里适当地多发发红包，红包不在大小，在于态度，不能只领不发，只索取不付出，这是我们人际交往中的大忌。而我们初进群发个红包，也是对群里老人的一种尊重。有时候你在微信群里会看到这样的人，平时说话从来不参与讨论，但是领红包的时候，他就出来了，比谁都积极，面对这样的朋友，我只能呵呵一笑了。另外，领完别人发的红包之后，一定要 @ 他，表达感谢，这些都是最基本的礼节。

如何利用社交工具迅速扩大人脉

好了，我们再来总结一下这部分的内容。首先是我们如何利用微信朋友圈进行自身标签和品牌的打造与推广。第一，朋友圈所发的一些东西，要具有专业性，要转发相关专业的资讯，可以将头像换成你想表达的，或者表现你这个标签的一些照片。另外，发朋友圈的频率，不宜太多，发的时间集中在早晨、中午和睡觉前这三个时间段。同时，朋友圈里不要发太多的纯粹的广告，闲言碎语、负能量的东西、心灵鸡汤也要少发。

那么，我们如何通过朋友圈来识人呢？我们可以通过朋友圈看出一个人的喜好、一个人的价值观、一个人的审美，还可以通过朋友圈互动的黄金法则来真心换真心，赢得朋友。另外，我们也讲了扩大人脉的几大法则。我们要以互惠法则来处理人际关系，另外还要给予别人力所能及的帮助，要淘汰和过滤掉不值得继续交往的人，要沉淀，积极参加你想靠拢的人组织的活动，还要学会分类管理你的人脉。

最后，冯殊叔叔跟大家分享了一些群发微信和微信群里的聊天技巧，微信群发也要分组，在微信群里聊天不要总说自己，要积极参与别人的话题，为别人点赞，并且要适当地来点红包。

冯叔叔精彩问答

如何利用朋友圈来
进行实体店铺的宣传

Q 如果你是一个线下实体店面的老板，如何利用朋友圈来进行广告营销？

A 关于这个问题，冯叔叔分享一个在我网络课上留言朋友的回答。这位朋友比较懂行，在留言中跟我说，在互联网营销刚兴起时，很长一段时间，很多线下实体店的营销，甚至到了有点夸张的程度，想尽一切办法和噱头，有打美女帅哥牌的，有在价格上玩数字游戏的，真是无所不用其极。她说如果让她来做宣传的话，她可能不会用以前那些宣传方式，比如用帅哥靓女这种噱头式的宣传来增加整个餐厅的曝光量。因为你是为了看噱头，顺便发现这个店的广告，从而加深了对店铺的印象，这样的印象并不是线下实体店的本质。她觉得，实体店的本质是产品和服务，噱头式营销并不能长久。

她也说了她自己会采用的营销方式，如果这是一家卖服装和饰品的店，她会聚焦产品，把其中的爆款服装，通过图片展现到一个极致。她可能会拍一组不同的人穿同一款爆品服装的照片，这些人呈现出不同的表情和姿势，但又透出同样美丽动人的感觉，其中一张是她自己穿着爆款服装的照片。她把这些照片发出来后，然后按照冯叔叔说的，用比较短小精练的，能打动人心的语言作为这些照片的文字描述。文案她都想好了："不同的发型，不同的姿势，不一样的你我，却透出不同又相同的惊艳，我和她们，谁更美呢？"

这个文字和图片的创意我觉得用得很好，因为同样一款服装，但是不同发型，不同身高，甚至不同脸形的人穿却同样都是美的，其中一张还是她自己，文字也用了对比式的描述，不同的、同样的，而且很短，再配上这些图片，我相信宣传效果会非常好。

我觉得实体店铺的朋友圈宣传的核心是聚焦产品本身，而且朋友圈里的朋友基本是至少认识见过的，所以这种信任感是不一样的，你自己现身说法的体验一定更有说服力。

　　如果你掌握了聚焦产品、精致图片，以及现身说法这些原则，对于实体店宣传应该大有帮助，毕竟互联网营销千变万化，我们又从 UGC、PGC、KOL 时代迅速进化到了 KOC 时代，如果你自己就是用户，那带来的体验更有说服力。

　　我想不管是社交也好，或者是通过朋友圈进行营销也罢，我们要知道我们经营做事的本质是什么，那就是质量是你的核心，产品和服务才是你的本质。一个实体店铺的成功与否，取决于产品和服务，所以我们的营销要洗去那些无谓的噱头，抓住内核去进行宣传，才会达到真正营销的效果。

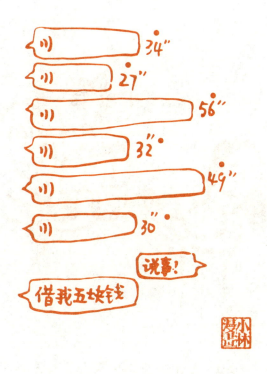

不打招呼就狂发语音的是领导
如果你不是领导
发语音前请先征得同意

初识就过分热情的人
通常有很多索求
平淡节制方可长久

人际关系
暖心沟通术篇

◎ "搭讪"初阶——如何美满地与异性交流
◎ "你认识谁，比你是谁更重要"：如何持续积累人脉
◎ 如何说话能够"搭讪"认识高层次"大佬"

随口而出的承诺
会给双方都带来困境

　　这个篇章我想先说一个词，搭讪，搭讪这个词这几年成了网络流行语，当然它不是一个褒义词，我们把搭讪加上一个引号，换一个思路去理解这个词，它其实说的是你如何去和一个陌生的、一个不认识的人建立联系。

　　这个打引号的搭讪其实想表达的是：如果你很想认识一个人，这个人是你很喜欢的、仰慕的，或者是工作上的前辈，或者是工作上你很认可的人，但是你跟他并不是特别熟悉，那么我们要如何通过交流和他建立起联系，在和他初次见面交流的过程中，我们又要注意一些什么呢？

　　下面，冯叔叔就跟大家聊一聊"搭讪"。

一、"搭讪"初阶——如何美满地与异性交流

1. 如果在喜欢的异性面前表达自如，
   那在任何场合都能出色表达

首先我们讲的第一个"搭讪"是如何和异性进行交流。我跟你说，有一项研究很有意思，这项研究表明，一个人可能在单位对同事、领导，在生活中对家人、朋友都能够口若悬河，但他不一定能在自己喜欢的异性面前侃侃而谈；如果一个人能在喜欢的异性面前神态自若、表达自如，那么他在任何场合都会有出色的表达。这个研究是不是很有意思？

想起那些说起话来口若悬河的同事朋友，冯叔叔身边还真不少，很多主持人，还真是在任何场合都能口若悬河，那"口条"是真顺，演讲能力是真强，声音是真好听。但是还真有这种时候，他们在一些异性面前，尤其是长得还比较漂亮的异性面前，真就不太会说话了，突然就结巴了，冯叔叔还真想起几个很著名的主持人也是这样。在这里就不点名了，哈哈。

其实聊这些是为了告诉大家，这就是一个人说话心态的问题。一个人在领导、同事面前，在面对工作的时候，他能力很强，很自信；在朋友面前、家人面前也很放松，所以能口若悬河。但是到了自己喜欢的异性面前的时候，心里的那只小鹿就乱撞了。

　　其实在心理学上早就有这样的测试，甚至是定论了，你面对一个异性说话紧张的程度，和你喜欢他的程度是成正比的。

　　所以冯叔叔经常听到身边那些还单身的朋友抱怨："单位同事给我介绍了一个帅哥，我们第一次见面，看到他我心里紧张啊，我真的语无伦次了，这一顿饭吃到半个小时就已经不知道聊什么了。我真是紧张，他问我什么，我也不知道该怎么回答，最后大家很快就散了。"生活中出现这样的情况，真的是屡见不鲜。

　　冯叔叔发现，在众多的沟通当中，和异性沟通，特别是和你喜欢的异性沟通，好像真的是很难的一环。如果你能迈过这一关，那么貌似面对工作、面对 PPT 宣讲、面对投资人等等，你都能搞定了，什么场合都能轻松应对。

　　那么，我们就来说一说，和异性交流的时候，应该注意些什么吧。

2.和异性交流，要抱着一切从零开始积累的心态

　　首先冯叔叔要说的就是心态，和异性交流，心态一定要平和，一切从普通朋友开始，一切从零开始积累。当你有了一个这样的心态，你的举手投足、你的做事方式都会更加地沉稳，你的心里也不会那么紧张。

　　我身边有很多朋友，尤其是我的男性朋友们，都有这样一

个毛病，就是喜欢一个女生，那真是满腔热情，恨不得浑身上下的激情都要爆发出来，甚至在他心里已经有点不可自拔的意思了。

但实际上他和这位异性朋友并没有多少接触，只是他单方面地活在自己的幻想中。因此他在约这个异性朋友的时候，从一些表达上来讲，都感觉非常地急。

当然这也不能怪这些朋友，人毕竟要面对自己的内心。但越是这样，你越要有一个平和的心态。你要冷静地思考一下，你和她实际上并不是非常熟悉。

在你们的这段关系中，这仅仅只是一个开始或者只是认识而已，即便是工作中的同事，你对她的了解也仅限于工作层面，人在生活中的样子真的需要深度接触才能了解。如果你超出现在的这种关系，去做出一些越界的表达，可能会吓到对方。

和异性交流，心态是最重要的一点，一切从零开始，从普通朋友开始，而且你要有足够的耐心。

3.和异性交流的时候，要有一些特别的技巧

说完了心态，我们再说一说和异性交流的时候一些相对的技巧。

很多年前，有一本书非常畅销，叫作《男人来自火星，女人来自金星》，很多年轻朋友都喜欢看。其实书里千言万语描述的东西，就一个中心思想——男人和女人，本身就是有着两种

不同思维方式、不同生理构造的个体。从人类历史的进化发展来看，他们承载的责任和思维的模式，都是完全不一样的。所以男人和女人在交流的过程中，他们的思维方式、沟通方式显然也是不一样的。

（1）和心仪异性接触的第一步：建立联系，了解对方

首先我们来说一说，如何和心仪的异性建立联系。

第一步就是互留联系方式。想要获得心仪异性的联系方式，我觉得男同胞们，那就大胆一些吧。如果你们在学习、生活、工作中有交集，不妨主动留下对方的联系方式，也不需要太多的借口，有时候直接询问对方的微信，或者在微信群里添加对方为好友，都是可行的方式；有时候不自然的借口反而让人感觉别扭。男同胞们，应该大胆些，真实面对自己的内心。

当然了，换位思考，如果你周围一个对你心仪的女生，主动留下了你的联系方式，相信男同胞们应该心里也会有一些微妙喜悦的感觉吧。所以在走出第一步留下联系方式这点上，冯叔叔一直主张的是，尊重内心。**如果你真的欣赏、佩服甚至喜欢这个人，先迈出一步，那是值得的勇敢决定。**

迈出了万里长征的第一步，也是很重要的一步留下联系方式后，你就可以通过微信朋友圈更多地了解他啦。

了解一个人的方式也很简单，我们前面说了如何利用社交

媒体去了解一个人。那么此时你可以看一看对方以前发的朋友圈，对方生活中的一些照片，在朋友圈发的留言或者是一些评论，你对其就会有一个大概的认知了，包括他的爱好、他的作息、他的性格。

我觉得也许朋友圈中的大家未必完全真实，因为大家都想把自己最好的一面展现给别人，但是有一些细节的、长期的东西也会流露出来，因此看一个人过往的朋友圈基本也能对他有一个整体的了解和认知。

（2）在对方朋友圈点赞、留言，让对方知道你在关注他

对对方有了一个大概的认知之后，你可以试着与其进行一些朋友圈的留言、点赞等互动，慢慢让对方意识到，有一个人好像经常在和我联系，对我比较关注。

其实不管是什么样的人，对于主动向自己表达善意，主动接近、联系自己的人，都不会特别讨厌，所以你就可以多表达你对他的一些关注。另外，前面我们说了通过朋友圈，你了解了他的一些喜好。比如说他喜欢看话剧，还是喜欢看电影；喜欢去游乐场，还是喜欢弹琴、画画、喝茶，这些都为你下一次的邀约做好了准备。

其实感情这件事，一定要用心，一定要真心，而且你用心和真心的方向还有方法，那得得当啊！

4. 组织有共同朋友参加的聚会，拉近距离

（1）在双方还不熟悉之前，不要单独约见面

冯叔叔有一个朋友，长得很帅，也非常优秀，还是高学历海归。但是他在感情上，屡屡受挫，所有人都觉得奇怪，这样一个又高又帅又优秀的人，怎么到现在还找不到女朋友呢？

直到有一天，他又一次被一个女孩拒绝了之后，非常郁闷地跑来找我喝酒，跟我说，他喜欢上了一个女孩，不是在生活中认识的，是在一个聚会上认识的朋友的朋友。

后来他找朋友要了那个女孩的微信，然后就开始在女孩的朋友圈里点赞留言，频繁地表达关注。大概一个多月过去了，他跟这个女孩在朋友圈也有一些简单的互动，觉得关系也算不错了，就直接给女孩发微信，想约她单独出来吃饭聊一聊。但是姑娘很客气很委婉地说单位很忙，有事，就拒绝了。然后我这个哥们儿过了两天又继续约，但是姑娘同样以很忙为理由，还是拒绝了。

这下我这个朋友沉不住气了，有一次干脆就直接发语音过去，向女孩表白了：我很喜欢你，想约你见面跟你吃个饭。姑娘的回复也很简单实在，说："我对你不了解，也不熟悉，对你没有感觉"，还是委婉地拒绝了我这个朋友。

后来我们几个哥们儿坐在一起为他分析失败、被拒绝的原因，想来想去其实原因很简单，他和这个姑娘并不熟悉，只是

在朋友圈有过点赞之交和一点留言互动。这么简单的互动，根本不足以建立起两个人之间熟悉的感觉。在这种情况下，匆匆地约姑娘单独吃饭见面，对方当然会拒绝。

（2）进一步接触，在聚会中积极表现自己

如果我那位朋友这么做，也许他就有机会成功。

比如说他在和这位姑娘有了点赞、留言之交后，他借一些她在朋友圈发的比较感兴趣的话题，跟她聊一聊，进行一些很简短的、私下的微信语音或者是文字的对话。

然后根据她的喜好，组织一些有共同朋友参加的活动，先从有很多朋友参加的聚会开始，有了几次这样的经历之后，两个人自然而然就熟悉了，心的距离也拉近了。

另外，在群体聚会中，他完全可以好好地表现一下自己。比如表现一下他对某些问题的看法，表现一下他为人的周到，表现一下他很会照顾人，等等。这些细节的展露，会让对方对你有一个全新的认识。在这样一番铺垫之后，再进入单独邀约的阶段，成功率就会大大增加。

5.少说话、说好话、说准话，反而为自己加分

如果你本来就是一个很内向的人，在有你心仪异性在的群体聚会中故意要滔滔不绝，也太为难你了。记住，千万不要做和自己性格违背太多、相差太远的事。

如果你真是一个很内向的人，或者是很害羞的人，那么你干脆就少言寡语。但是少言并不代表不言，在一些关键的时候，你可以说出你的一些观点和见解，将话题扩展。

其实在我们主持人圈里也有这样一个规则：**不是谁话说得多，他就是优秀的主持人，而是你的话要说得恰到好处。话说得多，失误的机会也就多，所以在这个时候，你少说话、说好话、说准话，反而会带来加分的效果。**

当然了，如果你是一个口才很好、自认为知识也很渊博的人，这个时候，你多说一点也没关系，或者你也可以干脆成为我们之前讲到的聚会中的话题引领者。但是要注意，作为话题的引领者，你要照顾到每一个人，千万不可自己滔滔不绝，一说就停不下来。这在异性眼里是自私自利的表现，会减分的。

在恋爱这件事上，冯叔叔一直坚持一个原则，那就是尽可能将真实的自己展现出来。虽然我们在和心仪的异性接触的过程中需要注意细节，但是大体上，我们不要过分地去掩藏自己，也不要完全地去投其所好一味迎合。

你要知道，恋爱的目的是长久相处，在最初的时候如果你只是因为荷尔蒙产生的喜欢，靠一味迎合讨好对方来获取好感，这样的感情是很难长久的。当荷尔蒙带来的激情退去、减少之后，你自己也会觉得别扭。因此**做自己，从最初就展现一个真实的自己，是开始一段感情时最负责任的表现。**

6.聚会中多做事，表现出自己的体贴

另外，再说一说"做"，做和说是同样重要的事情。

如果一个人在群体聚会的时候，他是一个爱张罗的角色，愿意为大家付出，比如说帮大家点菜，帮大家拿饮料，帮大家搬椅子。最后走的时候，又给大家安排好，谁和谁是顺路的，可以一个车走；谁和谁是一个方向，可以两个人叫一辆车，这样的行为，往往在异性看来，都是很加分的。

当然，刚才主要是站在男同胞的角度说。如果你是一个女孩的话，在有你心仪异性出现的群体聚会中，如果你能在并不多的语言中展现自己的个性，展现对某一方面比较深入的见解，有时候还能照顾到周围的人，放下身段，给大家倒倒茶，显示出你的体贴，那么我想在异性眼里，一定也是加分的行为。

7.聚会中这些招人反感的事不要做

这里也说一说在有很多人的聚会中尽量少做或者不要做的事。

男同胞们在朋友聚会中，很容易做的几件不太体面、得体的事，排在首位的就是——劝女生喝酒。其实喝酒这件事，因人而异。

冯叔叔本人酒量还将就，也就一个手指头的量吧，"一瓶啤酒？""不止。""一瓶红酒？""不是。"那是什么？"一直喝！"哈哈哈，和大家开个玩笑。我想说的是，喝酒这件事，酒量这

段esertation

个东西，真的是因人而异，因性格而异。

我见过一杯就上脸的男同胞，比如大学宿舍睡我脚那头的现在浙江电视台的著名主持人姜楠；也见过酒量惊人，可以喝倒几个男生的女士。因此喝酒以及酒量这件事儿，真的是勉强不来的。如果参加聚会的女生，她正好也是可以喝几杯的，不用你劝，她自然可以和大家喝几杯尽兴；可如果今天聚会的女生，她正好不胜酒力，劝女生喝酒的男士，那就是最招人烦的啦。

当然了，**在饭桌上只聊自己，反复吹嘘自己也是一件特别让人不舒服的事。**

还有一种不太礼貌的行为就是只吃不聊天。聊太多，是话痨；不聊天，只顾着吃，也是让人冒汗的做法。

最后还有一种冯叔叔觉得不太受欢迎的行为，那就是只和异性聊天，或者说只和自己感兴趣的人攀谈，忽略其他人。既然是大家的聚会，那么就是一个群体的交流活动，如果你只和你自己感兴趣的人交流，那么你完全可以单约。大家的聚会，当然需要更多人参与找到存在感。

8. 初次与心仪的异性面对面交流时，有哪些方面要注意

说完了群体聚会，我们再说一说，如果你和心仪的异性，有了面对面交流、吃饭喝茶的机会，该如何聊天呢？

（1）不要迟到，衣着得体，尊重对方

首先，这个谈话聊天的基础是尽量做到不要迟到，衣着要

得体，对对方要尊重。在聊天的过程中，由于你俩其实还不熟悉，这是第一次单独聊天，那么大家可以以共同的兴趣爱好，或者当下比较流行的事情作为切入点。

（2）敢于、善于表达对心仪对象的关注

第二点要注意的就是，你要敢于表达对对方的关注。

这个表达不是直接说我很关注你，而是比如说对方前几天在朋友圈发了一个他工作上遇到的小问题，或者生活中的小困惑，你看到了，那么当你们见面的时候你就可以问他，我前几天看你发朋友圈了，你遇到了一个什么问题，现在解决了吗？需要我帮忙吗？或者你看到他朋友圈前几天发的去哪里旅行了，或者参加了什么活动的照片，你也可以在见面时询问一下他的情况。这些都是你表达关注的方式。

其实不管是男生还是女生，当发现一个异性对他表示关注的时候，而且这种关注不是嘴上说说，而是确实对他在生活中发生的一些事很留心的时候，多少都会对这个人增加一些好感。

当然，确实有些朋友，明明很关注一个人，但是他不会用合适的方式表达出来，藏在心里不好意思说，反而让自己不舒服。其实让对方知道你真的关注他是一种勇气，也需要好的方法。

9. 运用4W提问法则，顺利延展话题，
对对方有一个立体的了解

往往大家并不熟悉的时候，先聊工作，表达一下对对方

的关注，而在深入谈话的过程中则需要把话题加以延展。在延展话题的过程中，我们可以使用记者进行新闻采访报道的4W法则。

（1）第一个W，是What，什么：向对方提问他熟悉的行业问题，让彼此迅速熟悉起来

第一个 W，是 What，什么。你可以根据你和对方所属行业的不同，来进行一些提问。

比如说你是做传媒的，可能你对金融不是很了解；如果你心仪的异性恰恰是做金融的，那么你在跟他聊天的过程中，就可以请教一些有关金融的事情，并在请教的过程中扮演一个倾听者的角色。而在听对方讲述的过程中，你还可以不断地提出别的问题。虽然不是每个人都好为人师，但是当一个人在你面前很虚心地向你请教的时候，我相信大部分人还是有很强的满足感的。

（2）第二个W，是Why，为什么，你怎么看待这个问题：多问对方对某个问题的看法，了解他的价值观

第二个 W，就是 Why，为什么，你怎么看待这个问题。你在跟心仪的异性聊天的过程中，可以问他，你怎么看待这个问题？通过这样的提问，你可以了解他的价值观。比如你问他，对于没有结婚就生活在一起，你怎么看？对社会上的一些热点问题，你又是怎么看的？通过这些问话，可以了解对方的价值观和生活理念。

（3）第三个W，是When：通过封闭式的时间性问话，来大概了解对方

第三个 W 就是 When，在交流的过程中，你也可以问一些封闭式的时间性问题。比如你什么时候来的北京、什么时候进入这个行业的、哪一年毕业的，这些信息是比较琐碎的，但是通过这些问话，你可以了解这个人整体的生活情况。过去，你没有参与他的生活，也不是他的朋友，但通过这些封闭式的问话，你对他就有了一个大概的了解。

（4）第四个W，是Where：问问对方去过哪些地方，了解对方的阅历

第四个 W，就是 Where，你去过哪些城市？去过哪些国家？通过这些提问你可以了解这个人的阅历如何。

通过 4 个 W 的问话，对这个人就慢慢有了了解，而且也不容易在聊天的过程中出现冷场。往往在你率先提出这些问题之后，对方也会反问你，那么你也有了一个展示自己的机会。

10. 太主观的、抱怨的话不要聊，第一次约会的时间不宜太长

那么，我们在和心仪的异性面对面聊天的过程中，有哪些是不能聊的，或者是不太适合聊的呢？

（1）避免聊太主观的、抱怨的话题

首先，太主观的东西，比如说你对一件事情的看法，这完

全是你个人的一个看法，非常地主观。那么你在和他人聊天的过程中，就不要再放大和加深这种主观了。

比如说有些人对现在所谓的 80 后、90 后，或者 95 后，对这些群体有一些观点和看法，对他们特别不认同，但在和心仪的异性聊天的过程中，你千万不要加深它、放大它，因为那只代表你的观点。当你和对方并不熟的时候，如果把这种观点强加于对方，对方往往会感到不舒服，感到你过于强势。

另外，当你和心仪的异性交流的时候，不要过多地说负能量的、抱怨的话，因为你跟他还不熟悉。而且，这些负能量很容易传染，很容易导致整个谈话场都陷入一种低落的负能量的情绪中，最终导致不欢而散。

在这里，冯叔叔想起一段话，巴菲特的合伙人查理·芒格曾经说过：**真正有思想的人是不会去评判一件自己并没有亲身参与经历的事情的，也不会轻易去给一件事情下结论，他只会去思考和这件事相关的各个方面。**所以在别人面前论断式的评判，并不会使你获得他人的好感，尤其是在你心仪的异性面前。

（2）工作、生活都要聊，全方位了解彼此

还有一个建议就是工作和生活都要聊，不能只聊一方面。因为你们刚开始交往并不十分熟悉对方，所以你要让对方对你有一个全方位的了解。另外，如果你只是一味地聊工作，对方可能会觉得你是一个没有生活情趣的人。毕竟没有谁喜欢和一

个只知道工作的工作狂生活在一起。

（3）学会察言观色，顺势敲定下一次约会时间

最后还有一点，就是和心仪的异性第一次约会的时间不要太长。你要学会察言观色，如果对方表现出了可能有事，或者想要离开的意思，你就要注意，随时要收起话头。

另外，你也要学会把握机会，在和他聊天的过程中发现他的一些爱好，或者他比较喜欢的一些东西。往往在说到这里的时候，你可以机智地顺势把下一次的见面锁定了，邀约了。

比如你在聊天过程中了解到他非常喜欢看话剧，那么你就可以顺势锁定下一次的见面，比如你说：听说开心麻花下个星期又有新戏上演了，特别好看，要不咱们去看看？我有好几个朋友都喜欢，我们邀请他们一起去吧。这就是通过和对方的谈话，找出他的爱好投其所好，进行下一次的邀约。

11.如何在职场中和异性相处

聊完了和心仪的异性之间的聊天沟通，我们再说一说在一般的工作场合和异性相处的时候，我们的语言该如何拿捏，掌握分寸。

（1）男士要尊重女士，语言不要太强势

如果你是一位男士，在和女性搭档工作的时候，或者是进行谈判的时候，切忌语言上太强势。现代社会职场上的女性，都是能力超强的，尊重女性是第一位的，千万不要在言语中表

现出自己什么都懂，非常厉害的样子。

（2）女性要以柔克刚，善用柔软和智慧

如果你是一位女士的话，在面对男士的时候，我觉得一定要把柔软运用到极致。也许现在职场上很多核心位置，依然是男士占据得相对比女性多一些。在和男士一块工作或者搭档的时候，男士的气场往往更强。但是气场并不代表最后谈判的结果和工作的结果。

如果你是一位女士，在谈判桌上，面对一个气场非常强大的谈判对手，这个时候你需要做的是不要慌乱，不要被他的谈话节奏带着走，完全可以继续保持你不紧不慢的速度和平稳的节奏。

有一点需要注意，那就是你的原则和底线一定要保留。你继续保持你的节奏，就会让他感觉到，你是一个很有底线、很有原则的人。但是在谈判过程中，在触及到一些底线的时候，你可以加重你的语气。甚至在这个时候，可以适当地加快语速，这样的节奏和你之前的完全不一样。这种节奏的变化，可以让他明白，你现在说的是你要强调的事情。

二、"你认识谁，比你是谁更重要"：
如何持续积累人脉

说完了和异性的沟通交流，我们再来聊一聊，如何和同行

交流，"搭讪"同行。商学院里有一个广为流传的观念：你认识谁，比你是谁更重要。在我们所处的行业中，我们往往需要主动认识一些在行业里很有经验的人，或者跟你所在的部门有合作机会的人。那么如何搭讪同行呢？接下来给大家说几个例子。

1. "今天和我关系最好的人，其实我多年前就和他们建立关系了"：不要只看眼前能得到的

瑞士银行信贷股票部的董事总经理三莎·奥斯根说过："今天和我关系最好的人，其实我在十二年前做初级销售人员的时候，就和他们建立关系了。"

奥斯根很努力地了解和他接触的或者是他想结交的每一个人，他记住他们在生活中的个人兴趣、子女的生日，这些很小的细节。他记住这些细节，是因为这是一种关系的储备。在日后的交往过程中，对对方生活细节的关心，以及流露出相同的兴趣，会让对方对他产生好感，使得关系得以顺利地建立起来。

其实冯叔叔在这里想表达的是，**我们在与人交往的过程中，千万不要目光短浅，只看眼前的得失。**

这个人现在身处高位，很有资源，你就去接近，其实这种做法和思维方式是有局限性的。我们在与人交往的过程中，应该更关注这个人的人品怎么样，他的能力怎么样。

有的人其实很有能力，只是缺一个机会，但你要认同他的这种能力，并且发现他很有潜力，只是缺一个施展才华的机会，

这样的人也是值得你交往的。

2.在出差、团建活动中建立深厚情谊

再来说一说另一位职场成功人士的例子。柯普曼在总部位于华盛顿的跨国电力公司爱依斯（AESCorp.）任高级助理，她和同行"搭讪"的机会一般来自一些团队活动。她说一旦团队有这种团建的活动，去郊外或者是其他地方，她都会参加。

她还说很多很好的关系，都是在出差的时候培养的。因为出差的时候，会遇到各式各样的问题，不仅是工作上的，还有很多生活上的，往往当你和他除了工作以外，生活上也有一些交集的时候，这时也许你给了他一些照顾，你们的情谊就会被培养得更加深厚。

冯叔叔也有这样的感受，2010 年世博会的时候，世界气象组织搞了一个全球气象主播的展示秀。那次活动，世界各国的气象主播，以及中国各省区市的气象主播会聚在一起，进行了一场非常精彩的专场秀。

那场秀得到了中央电视台和世界各国媒体的报道，而为了那次活动，我们提前很长时间会聚到上海进行排练，几乎天天吃在一起，住在一起，结下了非常深厚的战友情谊。虽然我们相处的时间只有十几天，但是你看，到现在我们很多气象主播，以及当时参与项目的团队伙伴都还是非常好的朋友，依然保持着密切的联系。这就是很典型的在出差中、活动中，建立起来的情谊。

3.积极参加单位的轮岗项目, 结识不同的人

再给大家分享一个例子。杨森保健创新商业实验开发高级经理安妮·休伊特提出了一个观点，就是要积极参加单位的轮岗项目。因为轮岗能在短时间内让你体验到不同的工作，还可以让你在不同的工作组里结识不一样的同事。

在职场上，往往很多人在一个岗位上一干就是十几年，有的甚至几十年，这样的话，你在行业内的人脉圈就会相对狭窄和封闭。而轮岗项目，可以让你在很短的时间内，认识不同的同事，而这些人说不定在你未来的职业发展中，会给你带来很大的帮助。

日本著名的企业无印良品就利用轮岗制度，让员工了解其他岗位的工作内容，对公司有一个整体的认知，同时员工也对其他部门的人员有所熟悉，以后各部门之间的工作对接也更加顺畅。所以轮岗不管对公司还是个人，都是一件双赢的事情。

三、如何说话能够"搭讪"认识高层次"大佬"

接下来我们再来聊一聊如何说话能够成功"搭讪"业内"大佬"，引起"大佬"的关注，展现你的能力。这里的"大佬"和"搭讪"都是打了引号的。"大佬"是一个网络流行语，就是指在行业里很厉害、很牛的人。

这样的人往往他身边的伙伴也很厉害，所以当你的能力和所处的地位还不能达到和"大佬"相当的时候，我们应该以何种心态和方式，和"大佬"进行交流呢？

1. 警惕交易型社交，不要刚认识就轻易找"大佬"帮忙

哈佛商学院的教授弗朗西斯科·吉诺和他的同事提出过一个概念，叫作交易型社交，说的就是带有明确目的性的人际交往活动。比如说所谓的招商型的交流，有融资需求的这种目的性很强的交流，这种交易型的社交，常常会让参与者感觉非常不好。

所以你看这种类型的社交活动，往往很早就结束了。因为大家不会待太久，并且有的人去了，也就是给个面子而已。所以我们在和"大佬"交往的过程中，一定要注意一点，千万不要目的性太明确，不要进行这种交易型的社交。

比如有些年轻人可能在一两次吃饭聚会中，认识了一两个在行业内很厉害的"大佬"，"大佬"出于礼貌加了他的微信。但是加完微信之后，有些年轻人就开始非常主动地和"大佬"进行沟通聊天，有的甚至去找"大佬"帮忙，比如说您能不能给我介绍一些工作的机会呀？您能不能给我推荐几个投资人啊？

人际交往过程中最大的忌讳就是，你跟一个人刚刚认识，刚刚见面，就去寻求帮助。 换位思考一下，如果你和一个人才认识几天，他就来找你帮忙，你会不会也认为他是一个比较有目的性的、比较功利的人呢？

　　和"大佬"交流之前，你首先要做到的是要足够了解他。了解"大佬"的方式有很多，比如说微信朋友圈、微博，以及有关他的一些新闻报道，从这些渠道，你都可以去了解他。你也可以通过这些社交工具中提供的信息了解你们的一些共同点，比如说相同的母校，相同的兴趣爱好，这些都可以为以后你跟他聊天的时候，找到更多共同的话题。

2. 和"大佬"聊天，少聊那些人人都可能会聊到的话题

　　另外一点就是，在和"大佬"聊天的过程中，不要聊那些可能人人都会问到的，或者聊到的话题。

　　前面我也说过，如果生活中你要和马云聊天，你还问他阿里巴巴未来的发展，阿里云现在建设得怎么样了，支付宝独立之后又有什么样的动作这些问题。这些都是他面对媒体回答了无数遍的问题。

　　与其问这些，你还不如跟他聊一聊，他最近太极打得如何了，是不是又把太极文化宣传推广到更多的国家和地区了呢；他现在的乡村教师计划推进得怎么样了，情况如何，你对这一计划也很感兴趣，等等。

　　如果你和他聊的是这些内容的话，我想他一定更有兴趣和你继续聊下去。所以在**和"大佬"聊天的过程中，你要表现出和别人不一样的地方，比如你看待事情的角度，或者你关心事情的角度。**

3.和"大佬"交往交流，要有一颗平常心

还有一点，我们可能是在工作场合，或者是在晚宴、论坛等等具有一定专业性的场合认识"大佬"的，那么真正和他们熟悉起来，需要通过生活场景的切入。

冯叔叔举个自己的例子，我们主持人有一支足球队，叫作中国主持人足球队，队里优秀的大腕主持人无数。很多老一辈的主持人也在里面，像郎永淳老师、韩乔生老师、鲁健老师等等，当然队里也有很多像冯叔叔这样年轻的主持人。

我刚入队的时候，看到这些前辈主持人，真的非常激动，因为冯叔叔是从小看着他们节目长大的，对他们那是非常非常地崇拜。在我眼里，他们就是我们这个行业的"大佬"。虽然他们是"大佬"，但是我和他们有共同的爱好，我们都热爱足球，都喜欢踢球，所以我们每周都会定期组织踢球。

冯叔叔我可是非常积极地参加球队的比赛，一方面我真的特别热爱足球，通过踢球能够锻炼身体；另一方面，和那么多优秀的前辈，通过竞技在一块儿交流的同时，还能学习到他们足球以外其他方面的优点。我加入这支足球队，已整整七八年的时间了，大家通过一场一场的比赛，建立起了非常深厚的战友情谊。

这几年冯叔叔一直默默在球队中观察学习前辈们身上的一些优点，在足球场上，还有生活中，也和这些前辈们建立起了友谊。

和"大佬"交往交流，真的要有一颗平常心，人和人之间的很多关系，都是慢慢建立起来的。如果你在人际交流中太急迫，其实对方是可以感受到的。

4. 想和"大佬"建立联系，先想想你能不能主动为他做点什么

最后要和大家分享的一点就是，人和人之间交往，不要总想着索取。如果你想和"大佬"建立一些关系和联系，先想想你能不能主动为他做点什么。

"大佬"也是人，他也会在生活中或者工作中，遇到一些需要别人帮忙的情况，而作为年轻的后辈，你是不是可以主动为"大佬"去跑跑腿、做做事呢？如果你能够先为别人做点什么，那么自然而然，你们的这种关系和感情也就不一样了。

比如说"大佬"的公司最近在办一个活动、一个论坛，或者一个会议，他需要有对外联络的人员，需要很多人帮他统筹规划，这个时候如果你能够拿出时间，真的花点心思帮"大佬"做一些你力所能及的事儿，我想通过这些事情，会让"大佬"了解到你是一个靠谱的人，你们的关系自然就不一样了。

还是那句话，人和人之间不要总想着先索取，如果你愿意先付出，你的人脉圈一定会越来越广。

如何和异性、同行、"大佬"前辈沟通

最后，我们来总结一下这部分所讲的主要内容。我们讲了如何和异性进行沟通；如何和同行进行沟通；如何和"大佬"沟通，让"大佬"更了解你。

首先在如何与异性沟通这个模块，我们讲到了心态非常重要，不要太着急。和你心仪的异性交流的时候，一定要有一个平和的心态，一切从零开始，从普通朋友开始，这样的话，才能够循序渐进。

同时在和心仪的异性沟通的过程中，要巧用几个 W，What、Why、When、Where。

What 就是向对方提问。你们俩所处的行业不一样，你问一下他所在的那个行业的一些问题，让大家熟悉起来，也让对方说一说他的情况，你就能更了解他。Why，就是了解一个人的价值观和理念，面对一些比较尖锐的问题，他是怎么看待的。When 则是问一些封闭式的时间问题，比如什么时候来的北京，什么时候入职这家公司的，通过对方的回答能够捕捉到一些他具体的信息。Where 问的是对方去过哪些地方，从而了解他的阅历。通过这几个 W 的提问，你就对对方有了一个相对立体的认识。

　　那么，在和心仪的异性聊天的过程中，什么内容尽量不要聊呢？太主观的东西，太有个人色彩的东西不要去放大，不要聊得太多，负能量抱怨性的事情不要聊。在聊的过程中，生活和工作都要聊，不能只聊其中一个方面。

　　另外，我们还说到和异性一起工作的时候，该如何沟通。如果你是男士，一定要尊重异性，语言不要太强势；如果你是一个女性，你要巧用柔软这张牌，以柔克刚，用你的柔软和智慧，取得谈判的胜利；或者是在合作中，取得更好的成果。

　　接着我们又讲了如何"搭讪"同行。在和同行交流的过程中，我们一定要注意以下几点：首先你结交一个人，不应该只看他现在的能力怎么样，或者是他现在处于什么样的位置，我们应该看到一个人的潜能和他的品质，提前和他建立联系，建立一个交往。因为很多深厚的关系，并不是一日建立的，需要时间的积累。

另外就是在一些团建，或者是出差的场合，在一些聚会，还有大型活动中，建立起来的情谊，特别是同事之间的情谊，会非常地牢固。所以大家一定要抓住出差的一些机会，或者是活动的一些机会，和同行进行一个深度的交流和了解，建立起情谊。

　　另外就是单位的轮岗机会，也要积极参与，因为轮岗是在短时间内，接触到不同部门、不同类型、不同工种的同事的重要机会。

　　接着我们又聊到了，如何和"大佬"进行交流。

　　和"大佬"交流之前，你首先要对他有一个足够的了解，做足功课，找到共同点。此外，和"大佬"交流的过程中，你要找到自己和其他人跟他交流不一样的地方。你的这种独特，或者是与众不同的观点，能够让他对你有不一样的认知。另外，在工作场合以外的一些交流，也是很容易和"大佬"建立起联系的。

　　还有比较重要的一点就是，如果你想得到"大佬"的认可，不妨先付出，先为"大佬"做一些力所能及的事情，这也是让他了解你、展现自己的机会。

冯叔叔精彩问答

和心仪的异性约会迟到了，
应该怎样表达歉意

Q　如果你在和心仪的异性相约吃饭的时候迟到了，你该怎么说？

A　如果是我，首先我会在吃饭约定的时间之前就预估我会不会晚到，如果会晚到，就提前给对方发微信打预防针，说明原因，路上太堵，现在半小时了一动不动；或者临时加班，现在还没下班。然后到达之后，一定要道歉，"对不起"连说三遍，甚至十遍，因为迟到真的是我特别痛恨的事情，迟到是没有任何理由的，道歉态度一定要真诚。

表达完深深的歉意之后，你可以由衷地关心一下对方，"你等我这么久是不是饿了，待会儿一定别和我客气，大吃一顿"。这应该是一个有心的人本能的反应。接着你可以解释迟到的原因了，路上太堵、临时加班等等，然后你可以描述一下你当时的心情：紧张、焦虑，恨不得飞过来等等。我想如果你约的真的是你心仪的异性，你一定会有这样的感觉，所以你就告诉他，迟到了你真的很难过。说完这些，我想你的痛苦和歉意对方也能感受到了，你就赶紧多点些好吃的，补偿吧。

说能说的话
做可做的事
走该走的路
见想见的人

刻薄嘴欠和幽默是两回事
口无遮拦和坦率是两回事
没有教养和随性是两回事

09

跟主持人学说话
魅力声音修炼术篇

◎ 让自己舒服，让别人舒服，适应现场场景的声音就
   是好声音
◎ 好声音修炼术："情、声、气"完美结合
◎ 不同场景下的魅力声音表达术
◎ 跟主持人学发声：声音练习小策略

话别说太满
人别熟太快

　　上一篇我们讲了如何与异性、同行、业内大佬"搭讪"，进而扩大人脉圈；接下来，给大家讲讲如何修炼出具有魅力的声音。在这里，冯叔叔总结了过去十几年职业生涯中的一些经验，告诉大家如何在比较短的时间内提升我们的声音魅力，总之干货多多。

一、让自己舒服, 让别人舒服, 适应现场场景的声音就是好声音

1.好声音首先要让自己舒服

　　冯叔叔想问一下大家，在你们心里，什么样的声音才是好声音呢？"冯叔叔这样的声音，算不算好声音？这样的声音算

不算好声音？这样的声音算不算好声音？"（声音参见：附赠视频 01. 找到属于自己的好声音）

你看，刚才冯叔叔分别用了三种不太一样的声音来说话，在你们心里，哪种声音才是最好的呢？其实第三种声音相对而言是冯叔叔最舒服的一种说话方式。这个声音虽然没有第一种声音那么厚，没有第二种声音那么清澈亮丽，但是这种声音的状态，让自己感觉很舒服。

在冯叔叔看来，好声音不一定非得是音色厚重的，也不一定非得是气息很足的，也不一定是字正腔圆、抑扬顿挫的，我觉得让自己感觉舒服的声音就是好声音。

我们要不断地通过练习来找到一种让自己感觉很舒服的说话方式，这时候你发出的声音大家听起来，就会觉得很适应。所以我们**首先要建立一个关于好声音的正确观念，并不一定是你要把声音练成谁谁谁那样，而是我们要找到属于自己的最舒服的声音。**

2.不同的场合, 需要不同的声音来表现

（1）天气预报类播报时间短的场合，说话人语速要非常快

首先冯叔叔给大家分享一下，我曾经主持过的各种类型的节目中，我对声音的一个运用。大家知道我播了十来年的天气预报。天气预报的特点是什么？节目的时间很短，要求主持人

语速得非常快，几乎是噼里啪啦噼里啪啦的，要在有限的时间内传递很多信息。

（2）新闻类的播报，需要主持人字正腔圆、声音明亮

另外我还播过新闻，播新闻就是你的语感还有语流要特别地清晰，你的句子和句子之间要衔接得特别得当，你表达的意思要非常清楚。所以新闻的播报，在声音上，就需要字正腔圆，每个字都要饱满，声音要明亮。

（3）体育解说类场合，需要解说员的声音变化多端，与画面有效贴合

冯叔叔也主持过体育节目，解说过体育比赛。这个体育解说的特点是什么呢？那就是结合画面要进行丰富的语言填充。画面和语言要有效地融合在一起。所以观众听到的不仅仅是单纯的声音，它是结合画面而来的声音。

而在体育比赛的过程中，随着比赛情节的起伏跌宕，你的声音也要有相应的变化。比如说足球比赛过程中球进了，那么解说员往往会提高嗓门加大音量，因为这种加大音量提高嗓门，是一种情绪的表达和宣泄。"球进啦！"跟你前面的表达是完全不一样的。

所以体育比赛的解说在比赛相对平淡的时候，你要用你的声音去改变这种平淡；而在比赛很精彩的时候，你要用你的声音把这种精彩更好地传递出来。所以体育比赛的解说，那可是需要声音变化多端的，而且要有效地和画面贴合。

（4）访谈类节目主持人，需要用气息支撑起声音，让声音更饱满

冯叔叔也做过访谈类节目。访谈节目里的用声，其实是一个对气息的调控。它需要你在整个过程中，相对而言气息更加地沉稳，用气息去支撑起你的声音。这样你的声音才会显得更加饱满，整个交流的场景才能更好地融合。

（5）大型文艺晚会主持人，声音要高昂，且有讲述感

而大型文艺晚会的主持，你看整个场地是比较大的，比较开阔的，所以需要你通过对声音气息的强控制来进行发声。这个时候声音不仅要高昂，而且还得有讲述感；声音很高，但是又不能破音，这就需要你对气息的控制，对嗓音的控制。

（6）现场报道类场合，报道人声音要融入现场，用情绪带动语言和声音

而在做记者现场报道的时候，你的声音要融入现场。因此很多时候，你是用你的情绪去带动你的语言和声音，你要把现场看到的东西转化在你的声音表达中。这种表达不光是内容的描述，还是一种情绪的传递，所以这个时候，是你的情感在带动你的声音说话。

你们看，通过刚才冯叔叔的描述，你们是不是已经意识到了，声音是可以千变万化的，它不是一成不变的。根据不同的

场合，面对不同的人，你可以用不同的声音和表达来推动你们的谈话。所以拥有一个让自己舒服的声音，或者是适应现场场景的声音，就显得非常重要。

二、好声音修炼术:"情、声、气"完美结合

那么好声音该如何练成呢？其实中国传媒大学播音主持艺术专业在很久以前，就提出了好声音的标准，那就是"情、声、气"相结合的声音和表达，才是真正的好声音。

前面冯叔叔也说了，在不同类型的各种场合中，需要有千变万化的声音。但万变不离其宗，好声音最重要的评判标准，是自己说起来舒服，别人听起来舒服。你的声音和现场的环境、所处的位置是高度融合的，这样的声音就是好声音。

既然我们明白了好声音的定义，就是自己说起来舒服，对方听起来舒服，又和现场环境高度融合的声音。那么接下来我们如何把自己的声音变成好声音呢？

首先我们这里说的声音，并不是大家所理解的狭义的嗓音。嗓音是指嗓子发出的本来的原始的一种声音，好的嗓音是构成好的声音、好的语言表达的基础。如果我们在好的嗓音的基础上，再饱含"情、声、气"组成综合的声音，那就是我们说出来的别人听到的声音。

　　什么是"情、声、气"的结合呢？就是在你发出的声音中，要带有感情，要有气息的支撑，综合起来是"情、声、气"三者结合的声音，才是我们今天要告诉大家的好声音。

1.饱含感情，说话走心，你的声音就带有温度

　　"情、声、气"结合，我们首先来说说情。情就是丰富饱满的感情。我们每个人都是有态度、有观点、有情感的，所以你的声音里边，也包含着你的感情和态度。所谓的感情，其实就是你对一个事物的判断，你对这个事物的热情程度，你对它的喜好，这些就构成了感情。

　　当我们面对可能潜在的用户，或者是我们的客户的时候，首先你对他一定是不反感的；而我们在生活中，面对我们的朋友、亲人、爱人的时候，你肯定是非常喜欢他们的，因此和他们聊天的时候，你的感情是非常充沛的，感情会融入你的声音中。

　　心理学家也说了，**当你发自内心对一个人产生好感，喜欢他的时候，你的声音就不由自主地带着温度，带着暖意**。所以我们在和人说话的时候，自然而然会把真情实感融入声音和语言中；这种情感的调动，对每个人来讲，只要你当时是真实走心的，对方一定能够感受到。

　　比如你的女朋友今天加班很累，很晚才到家，你看到她很心疼，发自内心地对她说了一句："亲爱的，你辛苦了。"你看你

对她的这种疼爱关心，自然而然地融入了你的声音，所以这个时候你的声音是自带温度的；但如果你内心并不是充满了这样的一种情感，是一个跟你关系很一般的人，那么可能你说这句话的时候，声音就是完全不一样的，大相径庭。

　　比如你对一个关系很一般、泛泛之交的朋友说："你辛苦啦！"这样的声音是没有温度的。对于我们每个人来讲，只要你充分根据场景、根据不同的人，调动你内心的情感，那么你说出来的话，一定是具有不一样的力量的。（声音参见：附赠视频 05 声音的温度和情感）

2. 说话多, 用"气泡声带马萨基", 让嗓子得到放松

　　说完了"情"，我们再说一下"声"，这个"声"就是我们发出的声音。说到嗓音，每个人的嗓音都各不相同：有的人嗓音天生就比较亮；有的人的嗓音天生比较浑厚，这种声音听起来很有厚重感，让人觉得非常踏实；当然，还有的人的嗓音天生就比较沙哑，是沙哑的声音。

　　这种原始的嗓音条件，你是无法完全改变的。当然，你也不用沮丧，保护嗓子、维护好原始声音，是一件非常重要，而且可以办到的事情。

　　其实在我们生活中，保护嗓子的方法有很多，比如不要吃太刺激辛辣的食物，不要喝太多的酒，包括抽烟也一定会伤害你的嗓子。

我们要维护好原始的声音，还有很多保护嗓子的具体方法，冯叔叔在这里教大家一个播音主持专业传统的保护嗓音的方法，当你很疲劳的时候缓解嗓子疲惫的一个方法，那就是用气泡音。通过这种方法让嗓子、让声带得到一个休息。

比如冯叔叔今天工作了一天，说了好多好多话，嗓子有点疲惫了，那我就自我做一个按摩，我要发出气泡的声音，让我的声带得到一个休息和放松。

发出这样一个气泡的声音，是让我们的气息往后，通过我们的气息，让我们的声带有一个放松的感觉，就像按摩一样，叫"气泡声带马萨基"。大家也可以尝试着练一练。另外如果你的职业需要说很多话，准备喉宝也是很有必要的。另外我们经常用胖大海泡水喝，也是非常保护嗓子的方法。（声音参见：附赠视频04气泡声带马萨基）

3.深呼吸训练，让你的气息更足

"情、声、气"，说完了"情"和"声"，我们再说一下"气"，"气"指的就是气息。其实气息对于整个声音，还有整个语言表达，是一个非常重要的支撑。这个支撑完全可以让我们的声音发生一些变化，从而改变你声音的样态。

气息的训练可以说是非常重要。我们的气息是从丹田由下往上发出，支撑我们整个发声的过程，因此有的人的气息很足，虽然他原始的嗓音并不是很好，但是有强大的气息支撑，他的声音听起来还是非常洪亮的。所以我们要做到"情、声、气"

结合，气息在这中间会起到非常重要的作用。

那么好的气息是怎么来的呢？其实很简单，在这里冯叔叔给大家分享几个简单的方法。第一个方法就是我们每天早上起来，可以做深呼吸训练。

具体做法：

吸气然后再慢慢地吐气，吸气再慢慢地吐气。吸气的时候我们可以大口地吸气；吐气的时候，我们要慢慢地吐。为什么要慢慢地吐气呢？这是在练习我们对气息的控制。如果我们在说话的过程中，一股脑地把我们的气全都吐出来，那么你这段话，一定是前面底气很足、很洪亮，但是到后面就泄气了。

所以我们在训练气息控制的时候，要深深地吸气，再慢慢地把这个气吐出来。这样的话，我们就可以把气息均匀地运用到你平时的说话中。（声音参见：附赠视频 02 深呼吸训练）

再来试一下，深深地吸气，慢慢地吐气。甚至你可以和朋友比一比，看谁这口气支撑得久，最后把它给吐出来。

这就是我们气息练习非常简单有效的方法。你在吸气吐气的过程中，完全可以感受到对气息的这种调动，感受到气息在你的体内运动循环的这种感觉。持之以恒，你会发现，自己的气息还真是更足了。这是一个练习气息非常简单的方法。

4. 中国传媒大学的传家宝——
"啊"声训练，让你的气息富有节奏感

另外，再告诉大家练习气息一个非常好的方法。这个方法也是中国传媒大学播音系几十年来的传家宝，我记得我们上学的时候，在任何地方都可以做这样的练习，甚至在家里也可以。

首先我们伸出食指，竖放在嘴唇边，然后我们开始持续地发"啊"声，同时我们的食指逐渐地远离自己的嘴唇，这时候你要用你的气息和声音去追这个食指。食指离得越远，你要用的气息就越多，你的声音也就越大。（声音参见：附赠视频03"啊"声训练）

这样的方法练的也是我们对气息的掌控，就像我们的语言表达，之前冯叔叔说过说话节奏的问题，如果你说话一直是一种节奏，那么就相当于没有节奏。

而气息的运用、声音的发出也是同样的，**如果你一直用一个声调的声音或者一种气息的声音说话的话，那么在别人看来，你的语言是缺乏变化的。**声音只有根据说话不同的场景、不同的情况，有一个丰富的变化起伏，才是能够让人听得进去、听得悦耳的好声音。

一个好的声音，一定是"情、声、气"融合在一起的好声音。而"情、声、气"都是可以通过练习来实现完美融合的。

三、不同场景下的魅力声音表达术

　　说完了"情、声、气"的结合，我们再说一说不同的场景之下，我们如何运用自己的声音。这几种场景，在前面冯叔叔都和大家提到过。

1. 朋友之间生活闲聊，用你觉得最舒服的声音，自如地去聊

　　第一个场景就是朋友之间生活闲聊的一种场景。在这种场景中，往往大家都非常放松，没有工作的压力，天南海北，什么都聊；在这样的场景中，你的声音一定是最为舒服的一个状态。这个时候，你说话的气息可能都不会用得太多，也不需要用气息去支撑你的表达。你可以把声音放松，跟朋友很自如地去聊，你的声音哪怕是慵懒的，也没有任何关系。

2. 与家人、爱人交谈时，把感情融入你的声音里

　　第二个场景，是和家人或者是爱人之间交谈时候的场景。之前我们在说"情、声、气"结合的时候，说到了"情"。当你面对你喜欢的人，比如说家人、爱人，说话的时候，你会饱含感情。这种感情会让你的声音变得更温暖。所以我们在和家人、爱人交谈的时候，要充分调动我们内心的情感。

　　比如这句话："妈，辛苦啦！您真是，您好好休息吧！"这种话语是用情感支撑去推动交流的。再比如这句话："亲爱的，

谢谢你，你送我的礼物我实在是太喜欢了，谢谢你的付出和用心。"你听，这样的声音是充满感情的。为什么？你没有刻意去修饰，只是把你的情感，融入到了你的声音里。所以调动内心情感，在与家人和爱人交谈的时候，非常重要。

3. 与领导、"大佬"交流时，声音尽量柔和一些，表达出谦虚的态度

第三个场景，和领导、"大佬"交流的时候，你的声音和语调应该是怎样的呢？和领导交流，我们之前也说了，要心态平和，要不卑不亢，但是在声音上可以尽量柔和一些，表达出你谦虚的态度。

在和领导或者行业"大佬"交流的时候，气息上要进行一种比较弱的控制，就是不要用太多的气息去顶住我们的声音，否则的话，声音会显得比较有攻击性。与领导和"大佬"交流的时候，这种表达谦虚的声音，甚至你还可以用一点虚声。这样的话，能让自己的语言更加地柔和，也会更加显得你谦虚。

4. 公开场合的发言、演讲，气息要撑得住，声音要更有力量

第四个场景，是公开场合的发言、演讲，或者是做 PPT 汇报。这个场景需要你一个人面对很多人去进行演讲发言，所以需要声音强控制，声音要很有穿透力。因为场地比较开阔，你要面对很多人，所以这个时候，你的气息要撑得住，声音要显

得更有力量一些。如果这个时候你说话的气息不够，声音没有力量，那么你的演讲一定抓不住人心。

5. 和孩子交流的时候，声音要柔和一些，要充分调动我们的情绪

再说说第五个场景，那就是和孩子交流的场景。和孩子交流的时候，我们的声音当然是柔和的，另外从"情、声、气"结合上来讲，我们情绪的调动要非常充分。因为孩子是世间最美的天使，他们能给我们带来很多乐趣，所以和孩子交流的时候，我们的声音一定要柔和，我们的气息控制也是一种弱的控制。

跟孩子说话的时候，需要慢慢地把我们的气息放出，往往我们的语速不会特别快，我们的情绪会更加地平和，这种感觉会让孩子感到一种亲近感。当然如果你想用你的语言吸引孩子，让孩子跟随你的语言灵动地去释放他的喜怒哀乐，让他随着你的言语笑的话，那么你的声音就需要有一些变化。开始的时候你可以柔和一些，说到关键的地方，可以拔高你的嗓门，用气息进行一个强控制让声音提高，这样的话孩子的情绪也会跟着你的声音起伏跳动。

6.打电话的时候，气息要足，但音量不要太大

说完了五种场景下声音的运用，我们再聊聊，打电话的时候，声音应该如何进行控制。

　　大家可以回想一下，往往我们和陌生人打电话的时候，接起电话都会有一个适应的过程。这个时候我们的声音往往要更加轻柔一些，气息要稍微收着一点，不要一下子噼里啪啦把话都说完了，把气息全都用光了。

　　当然这不是说让对方听不清楚你说的话，切忌那种一上来就很聒噪的、很洪亮的，像洪钟一样的声音。这样的声音，大家在心理上是很难一开始就接受的，往往会排斥这种声音。

　　刚开始沟通的时候，要控制气息，音量也一定要控制。电话沟通大家都知道，时间非常紧迫，但也不要因为时间紧迫，而刻意加快语速，因为在这种环境中，如果你的语速太快，反而会给对方一种压迫感。

　　因此**在电话沟通的时候，我们可以用比较足的气息来说话，但我们的音量不要太大**。这样的话对方会感觉到，每个字好像真的是气息很足，传达的信息很饱满，但是音量并不是很大，不会让接电话的人感到很聒噪。

　　所以气息很足只是让我们的声音比较饱满，这种饱满的声音，往往会起到一种强调的作用，把我们想表达的事情说得更加清楚。

　　另外，在我们电话沟通尾声的部分，我们同样要采用舒缓放慢的语速节奏。用这种慢慢释放气息的声音来进行沟通，会让大家觉得更加亲近一些。这是电话语音沟通中声音的运用。

7.微信语音沟通，时间不要太长，声音不要太大

　　还有一个声音的运用也非常重要，那就是我们微信语音沟通中的声音。在这里给大家提个建议，**如果你要给你的客户或者是潜在的客户发语音，最好先发一段文字。**

　　因为在对方忙碌的情况下，他可能没有时间把手机放到耳边去听，但是先看到文字，是一个非常有效，也是一个很礼貌的争取到他的时间的方法。如果对方方便了，和你进入聊天过程了，你可以给他发一些语音的时候，建议语音不宜过长，控制在三十秒之内，二十秒十几秒最好。因为这样的话，对方能够耐心地听完。

　　另外这一段三十秒之内的语音，声音一定不要太大。因此你在说微信语音的时候，不要把手机放得离嘴边太近，语速也不要太快，一定要注意声音的控制、气息的控制，让对方觉得你的这个信息是不紧不慢、很平和的。这样对方听语音的时候，才会更有耐心把它听完。

四、跟主持人学发声：声音练习小策略

　　最后再教大家两个比较有效的说话，还有练习声音的方法。

1. 面带微笑、提颧肌，让你的声音更饱满、更有温度

　　第一个方法就是说话面带微笑、提颧肌，这也是传媒大学播音系练习声音的传统方法之一。

往往你觉得一个人是带着笑在跟你说话，很喜庆的样子，其实这个时候他说话是提着颧肌的。颧肌就是我们颧骨上面的那两块肌肉，你把它提起来，就是我们微笑时候的那种感觉。

你提起颧肌说话，这时候你的口腔打得更开，你的声音是带有温度的。所以我们可以尽量带着微笑，提着颧肌说话，这个时候声音很饱满，而且让大家感觉，你是一个有温度的人。

2. 一字词、两字词、三字词、四字词、古诗朗读，让你的语音、语调更饱满，气息更均匀

另外有很多朋友，他的声音可能觉得听起来不够好听。除了气息、感情和本身嗓音的条件外，还有一点，那就是他的语音和语调没有发得很饱满很清晰。你想想，如果你的每一个字的语调发得都很饱满，那么你的声音的清晰度和舒适度也会增加，所以语调的练习也很重要。那么语调该怎么练呢？

在播音主持专业传统的练习中，有一种方法可以说是最有效、最简洁的，在任何场景任何时候都可以练，那就是一字词、两字词、三字词、四字词以及古诗朗读。

这个朗读不是正常语速的朗读，而是你要刻意放慢语速。比如"白日依山尽，黄河入海流"这句诗，我们一字词该怎么念呢？"白、日、依、山、尽"，我一个字一个字地念，念得非常饱满，这么念的目的是让你的语调上去，每一个调都发得非常饱满，进而你的每一个字就都开始发得饱满了。

　　好，我们开始两字词的练习，"白日、依山、黄河、入海"，你看两字词，我也念得非常饱满。

　　然后我再念三字词，"白日依，黄河入，依山尽，入海流"。三字词我也可以发得很好了。

　　然后是四字词，"白日依山、黄河入海"，你看四字词我也可以念得非常饱满了。

　　这个时候我们可以一整句古诗连起来念了，"白日依山尽，黄河入海流"。整句诗我也可以念得非常地饱满，而且气息也非常地均匀了。

　　这样一个练习不要觉得枯燥，从一字、两字、三字、四字，再到一整句诗，其实最传统的练习方法也是最有效的。只要你坚持每天一个字、两个字、三个字、四个字，再到一整句，再到一段，这样练习的话，你一定会有收获的。

普通人如何练出主播好声音

最后，我们再来总结一下如何塑造好声音的一些内容。首先冯叔叔提出了一个观点，什么样的声音是好的声音呢？不是说一个浑厚的声音就是好的，你要练成那样的声音；而是在你自己最舒服的状态下，发出的这个声音，就是你的好声音。

塑造我们的好声音，要"情、声、气"结合。"情"就是要充分调动我们内心的情感；"声"是我们原始的嗓音，我们要很好地保护我们原始的嗓音；"气"是非常重要的一点，就是我们的气息，我们要有控制地把它释放出来。这种控制也是一种调节，气息决定了你声音的表现力。

然后我们还说了，在几种不同的场景下，声音应该如何运用。包括和朋友之间沟通的声音，和家人、爱人沟通的声音，和领导还有"大佬"之间沟通的声音，以及公开场合发表演讲时候的声音，还有我们和孩子交流时候的声音。之后我们还说了电话沟通的声音，以及微信语音声音的控制。

　　最后告诉了大家两个平时练习发声的方法：第一个是提颧肌，让你的声音更饱满、更有温度。第二个是一字词、两字词、三字词、四字词，然后整句诗的练习，这样就能使你的语调还有气息，都能得到一个很好的调整。

　　说了这么多，冯叔叔是想告诉你们，好声音是可以练出来的。

小朋友才会问
为什么我们不是好朋友了？
我们成年人
都是默契地相互疏远

人前不该说的
背后也别说

10

临时发言、PPT宣讲水平修炼篇

说到临时或者即兴发言，还有 PPT 宣讲，几乎是每个人在职场中都会遇到的事情。那么怎么把临时发言或者 PPT 宣讲讲好呢？怎么让你的临时发言或者 PPT 宣讲，给客户、老板，留下深刻的印象呢？下面，冯叔叔就告诉你们一些小窍门。

一、临时发言：如何做不冷场，
给人留下深刻印象

我们先来讲如何把临时发言讲好。很多时候，我们会在各种各样的场合，遇到需要即兴发言的时刻。比如年底了，各种聚会很多，年会也很多。同学聚会的时候，大家突然叫你上去：冯总，讲讲吧。或者公司部门年终总结，领导也突然点名了：

来，冯殊，你讲讲你的部门今年的一些情况，明年有什么计划展望，赶紧说一说。这种突然被领导或者朋友叫到了，要即兴发言的时候怎么办？

其实，冯叔叔在主持节目的时候，经常遇到临时有突发状况需要你加一段话的情况。这种时候真的是非常烧脑，冯叔叔总结了这几年遇到的需要临时发言的一些情况，并且总结了一些小的套路，分享给大家，希望能够对大家有所帮助。

1. 做好临时发言套路一："赶过猪法"——
感恩感谢，回顾过去，提出希望，送出祝福

什么是"赶过猪法"？这"赶过猪法"，并不是教大家去农村赶猪赶牛。"赶"其实是谐音，感谢、感恩的意思；"过"是提一些过去的事情；"猪"的谐音是祝福，表达对大家的祝福，对未来的希望。光说不练假把式，我们马上来实践。

想一想一个美好的画面，年终总结大会的时候，突然公布冯叔叔获得了先进工作者，请你上台领奖。领完奖之后，突然这个主持人找事儿，说：冯殊同学，你说两句吧。这时候如果没有套路的话你这不就蒙了吗？遇到这种情况，冯叔叔给大家支几招，如果真的是临时获得了先进工作者，被叫上台，要有一个发言的话，你不妨试试这样说。

"赶过猪法"中的"赶"，即感恩感谢：感谢领导给我这个发言的机会；这个先进工作者，并不是我一个人努力得来的，首先要感谢我团队的同事们，是我们齐心协力，互相查漏补缺，才弥补了很多漏洞；还要感谢领导的支持，正是因为大家齐心协力，我才取得了现在的成绩，才获得了这个先进工作者。

"赶过猪"的"赶"说完了，我们再说说"过"。"过"就是总结一下过去这一年，工作中的点点滴滴。可以是你得到同事帮助或者领导支持的一些具体的事情，也可以是过去这一年工作中很多历历在目的场景。

比如我记得在做某某项目的时候，团队的同事们齐心协力、加班加点，大家一起熬到了凌晨三点，很多同事都睡在了沙发上，第二天早上起来又接着干。过去这一年，像这样的场景还有很多很多。你看"过"讲到这里就比较丰富了，你详细讲了过去这一年一个具体的事，而且也说了这样的场景还有很多，顺便又感谢了同事和领导的帮助，这就是"过"。

　　总结完了过去之后，我们总要展望未来。到了"猪"这个环节，该怎么说呢？就是简单地送上一些祝福，你可以祝大家在新的一年，工作越干越好，公司蒸蒸日上，大家财源广进，也可以祝身体健康，等等。

　　当然了，也不是只能说祝福的话，也可以说一些对未来表达希望的话。比如给自己提一些希望，自己在新的一年，工作上还有哪些想要改进的，还要达成哪些目标，或者是希望团队在某方面有哪些进步，等等。

　　其实祝福也好，希望也好，都是要把话语引向未来。感谢了大家，也总结了过去，但是展望未来、提出希望，是非常重要的点。祝福和希望表现了你积极向上的一面，这样的话语也可以很好地引领现场的氛围。当你说祝福或者希望的时候，现场的气氛一般会非常热烈，也可以让现场的氛围达到一个高潮。

　　当然了，像这样的大会中的临时发言、临时演讲，切忌讲得太多，简短的一两分钟之内解决战斗是最好的。因为第一言多必失，第二这种集体的大会，往往有很多人在现场，不要耽误大家的时间，每个人的时间都非常宝贵，所以这种时候，言简意赅最为有效。

2. 做好临时发言套路二：问题原因解决法——找出问题，说明原因，提出解决办法

　　说完了"赶过猪法"，冯叔叔再给大家讲讲第二个套路：问

题原因解决法。这个方法，从字面意思上，大家就可以看出来
了，那么在实践中应该怎么用呢？

　　比如有一天，你所在的部门，因为产品的销量很不好，被老
板批评了。老板很生气，后果很严重，在开会的时候，老板突然
点你的名，要你发言，这个时候你怎么说？老板已经很生气了，
换作以前，你可能一时就语塞了，但现在你可以试试这么说。

　　首先，你可以说：老板，最近的这个事情，确实有一些值
得我们反思的地方，问题主要出在我们对产品本身考虑不周，所
以产品并没有完全适应消费者的需求。你看，你先把问题说了。

　　那么出现这个问题的原因是什么呢？你可以接着说：是我
们市场的前期调研没有做得很细致，我们的几次调研，包括和
公关公司的合作，调研报告都不够翔实，数据样本分析也不到
位，分析的市场仅仅局限在了北方，而南方市场，包括一些经
济不发达地区，我们都欠缺考虑，所以出现了这样一个产品设
计上的问题。这样原因也说了。

　　**说完问题，说完原因，那是远远不够的，还要找到解决方
法，解决方法才是老板想听你发言的根本。**

　　所以接下来，你要说出你现在已经想好的解决方法，比如：
我们内部已经开过小会了，大家要重新进行一次市场调研，争
取在哪些方面进行一些改进，然后再重新梳理一下产品，并且
要重新整顿团队的风气，一定要精益求精，下周我们会正式开
始新一轮的工作，期待您的检验。

　　你看，这一番临时发言，直面问题，分析了原因：错，错在了哪儿；输，输在了哪儿；未来怎么解决。你从问题到原因到解决方法，都告诉了老板，即便老板很生气，也会给你改过的机会。

3. 做好临时发言套路三：黄金三点论发言法——话在精，不在多

　　分享完了套路二，我们再来看看套路三：黄金三点论发言法。"三"真是一个非常神奇的数字，凡是三个核心、三个观点之类的描述，都很容易让人记住。要知道，三角形是非常稳固的一种图形。

　　也有人跟冯叔叔说，为什么不是四点、五点？告诉你，讲那么多，后面的就成废话了，所以我们**语言表达的一个核心精髓是：话在精，不在多**。

　　在一个团队里，话很多很絮叨的人，往往不会成为领导或者核心；往往是那些在关键时刻，找出关键问题，并用简短的语言，言简意赅剖析出问题的人，才是这个团队的核心。

　　我们临时发言的时候，你在组织语言、表达观点的时候，一定不要说太多的点，三个点是最容易让人记住的，而且也是最牢固的一个结构。

　　比如临时发言的时候，你可以先说：今天这个场合，我想表达三个观点，或者是我想表达三层意思，或者我有三个想法。

那么这三个想法，你应该怎么去归类呢？冯叔叔给大家提供两个归类的参考：

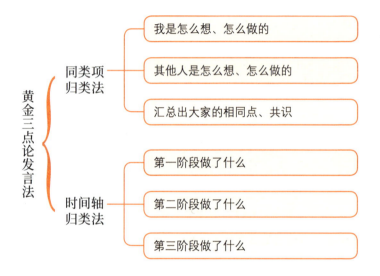

（1）三点论归类法一：同类项归类法

第一种是按照同类项归类，比如我怎么样、他怎么样、其他人怎么样、大家怎么样，这样进行一个归类，这是同类项归类法。

比如团队的一项工作，你可以说说其他人做了什么，你又做了什么；或者一件事情，你可以说你的想法是什么，然后老李的想法是什么，老张的想法又是什么，大家汇总起来有一个点，达成的共识又是什么。这就是按照同类项归类。

（2）三点论归类法二：时间轴归类法

第二种归类方法是按照时间轴归类。比如一项工作，第一阶段做了什么，第二阶段做了什么，第三阶段又做了什么。其实这种按时间轴归类，也是一种非常讨巧的方法，因为当你在短时间内，脑子里想不出更好的话语的时候，按照这种时间顺序去推移，去寻找每个时间段发生的事，就减少了你思考的时间，至少能保证在即兴发言的时候，你有话可说，而且说得还很有逻辑性。

4. 对上一个人的发言进行总结和延伸，为己所用

说完了即兴发言的三个套路，冯叔叔再给大家讲一讲，如果你的即兴发言是接在别人之后，这时候你一定要注意了，感谢前面的人或者简短地总结上一个人说话的内容，这是很有必要的。你甚至可以把他前面说话内容当中的一些点，拿到你这里来进行一个总结和衔接。

比如在冯叔叔之前，著名畅销书作家李尚龙进行了发言，那么轮到我接过话筒，我要发言了，我首先说：尚龙同学在前面的发言中，提到了我们创业者的三个原则，我觉得这三个原则，对我们每一个年轻的创业者来讲，都非常有用。

你看我是对上一个发言者前面的话进行了一个总结，并且把精髓拿出来再说一遍，这样既表达了对上一个发言者的尊重，也把好的内容为自己所用，进行了一个强调，你甚至可以接着

他的内容进行延展。

　　然后你可以说：接着尚龙同学说的这三点，我还想补充一些我的想法。然后你就可以顺着这条线，把你的想法说出来了。所以我们在即兴发言的时候，**用好上一个人说话的内容，也是非常好的进行即兴发言的窍门。**

　　四两拨千斤，把上一个发言者的很多内容为自己所用，进行一个总结，或者让它成为你的开场，既有了衔接，又表达了尊重，让人觉得这个人会来事。

5. 临时发言两合两不合原则: 合拍的情绪，和谐的态度; 敢于说不, 不主观指责

　　另外，冯叔叔也总结了一下即兴发言的一些原则，比如两合两不合，即合拍的情绪，和谐的态度；敢于说不，不主观去指责。

（1）你的即兴发言，一定要和现场当时的情绪合拍

　　比如前面的谈话场是热烈的，是积极向上的，结果到了你这儿，你说的话是相对悲壮的，这就打破了当时会场的情绪。所以你的发言要尽量和当时所处的的情绪相吻合。

（2）和谐的态度，语言不要有攻击性

　　就是在即兴发言的场合，特别是人较多的时候，首先你自己要有一个和谐的态度，说话一定要尽量客观公正，要以一个和谐的态度、平和的态度来进行发言，千万不要在语气上表现

得有攻击性。

那么，两不合是什么呢？

（3）第一个不，不与不支持的立场言和

比如在发言的过程中，你前面几位同事的讨论或者发言，他们的一些观点、价值观或者做事的方式，你并不认同。在这样的发言场合，你要敢于说出"不"，但是说不的方法或者你的表达，千万不要太强势。**你可以让别人感受到你的态度，但不要露出你的锋芒。**

（4）第二个不，就是不要主观去指责

你在说出你的观点的时候，你可以提出不同的意见，但是你的言语里，千万不要去指责谁，比如某某某，他其实并不专业。这样的话语在公开临时发言中，千万不要有。

另外我们的某些发言，要迂回一些。比如你想表达一个相对比较尖锐的观点的时候，你可以迂回一点，先总结一下前面同事的发言，并且称赞一些自己觉得比较好的观点，然后把自己的观点藏在最后再说出来，这个时候大家就更容易接受。

6. 宴会或聚会等场合的临时发言，要以主角为核心，要有看点、趣点，符合现场氛围

另外冯叔叔还总结了一个场景，就是在参加别人的聚会、生日宴等等的时候，要以主角为核心；你说的话，要有看点，也要有趣点，能够带动大家的情绪。

　　冯叔叔举个例子，我的好兄弟兆民，开新书发布会的时候，请我上台说两句。因为当时是兆民同学的新书发布会，所以我的发言一定要围绕兆民这个人，或者是他这本书来讲。当然也有一些嘉宾，得到发言机会之后，说太多与自己相关的事，这就不太好了。

　　在这种时候，你是给别人站台的角色的时候，一定要识趣，所以你的发言，一定要围绕着这个人。

　　那次的新书发布会，冯叔叔是这么说的：我和兆民认识十几年了，我想在场的所有人中，我可能是最了解他的一位。他一直以来都是一个有创造性、很细心、敢于钻研的人；当然同时，他的很多糗事，我也知道，但是今天在这个场合，我就不说了，说点他的丰功伟绩、英雄事迹吧。

　　你看，这是我朋友作家兆民的新书发布会，我作为帮他站台的那个人，我登台讲话，一定要时刻围绕着他，千万不要突出自己。所以冯叔叔说了我对他非常了解，我夸赞他的话就是很可靠的，他很有创新意识、很细心、善于钻研。同时我也说了一些比较幽默有趣的话，比如我知道他很多糗事，但是作为朋友，我要给他保密不说，所以又有趣，又突出了主角。

　　这一段讲话，其实冯叔叔觉得，还是比较到位的；同时，也带动了大家的情绪。他的糗事冯叔叔没说，但是我要在后面说他的"英雄事迹""丰功伟绩"，大家就很期待我后面要讲的内容。

我们的即兴发言，本质上并不在于你说了什么，而在于你说的东西，是不是符合现场的气氛、环境，对方能不能理解你所说的内容，这才是重要的。因此临时发言，自说自话，那是绝对不行的。

二、PPT宣讲: 五个表达技巧, 轻松上手

说完了临时发言、即兴讲话，我们再说一说 PPT 宣讲，这是很多人的"刚需"。

很多朋友都羡慕别人的 PPT 宣讲做得非常漂亮精彩；自己的 PPT 宣讲却是频频失误，台下的听众听得是兴趣寥寥。以下冯叔叔就总结了 PPT 宣讲的几个小窍门，给大家分享一下，希望各位能够巧妙运用到你的 PPT 宣讲中，你也可以一鸣惊人。

1. 遵循"十五、二十、三十法则"，给听众留下深刻印象

首先要告诉大家一个法则，就是十五、二十、三十法则。

"十五"是什么意思呢？就是我们的 PPT 页数不宜太多，十五页以内是最好的。我们宣讲的时间，要在你计划的时间之内，提前或者最多延后两分钟，时间不能太长，当然也不要太短，要在你心里预期的时间之内。PPT 的字号最好大于 30 号字，这就是那个"三十"。

　　那么"二十"是什么呢？"二十"就是你的 PPT 的内容，最好能够用二十个词概括出来。比如十五页的 PPT，你每一页有一到两个词是比较关键的，PPT 的图片也好、内容也好，要围绕着每一页的一到两个关键词，去进行解释和延展。

　　这样的话，大家听完你的 PPT 之后，大概就知道了这二十个左右的关键词所涵盖的意思了。即便他有很多细节的内容没有记清楚，但是这二十个词，一定会有一些词能够打动他，给他留下印象。

　　这就是"十五、二十、三十法则"。

2. PPT宣讲时要遵循的一些原则

（1）分清内容的主次，语速要快慢结合，适当改变音调音量

　　第一个原则就是语速要有快有慢，节奏要有变化，音调也要适当地改变。

　　前面我们也讲到了，我们在说话的过程中，怎样让人更愿意听，语速是非常重要的一点。语速就是说话的节奏，如果你一直保持像火车一样轰隆轰隆的节奏，没有任何变化的话，很容易让大家昏昏欲睡。

　　所以在演讲的过程中，你的语速是要不断变化的。说到重点的地方，你可以拉长每一个字的音，放慢语速，起到强调的效果。而在讲那些并不重要的页面的时候，你可以加快语速，一带而过，并且用几句总结的话语，就把这页 PPT 略过。

（2）从听众的需求、立场出发，制作和宣讲PPT

第二个原则就是要站在听众的立场。

这一点，我们在做 PPT 的时候就要想清楚。因为一个好的 PPT 宣讲，由两个部分构成：一个是制作 PPT，另一个是把它讲出来。站在听众的角度，就要求你在做 PPT 的时候，要去想听众的需求是什么，他想听到的真正内容有哪些，切忌主观从自己的立场出发，制作和宣讲 PPT。

我们要真正了解宣讲的对象，了解他的需求、他的思维方式，以及他希望听到哪种类型的 PPT 宣讲。

比如你的宣讲对象是公司的大领导，他的时间非常宝贵，或者是对方客户负责战略布局这个层级的领导，那么你的 PPT 就不宜字数太多。因为这些人，他往往没有太多的时间，去一字一句了解你 PPT 的内容。

面对这些人，要多用图片，多用言简意赅的形容类、归纳类的词语来做 PPT。真正说服他的是你语言上的宣讲，你要把这些简短的字句，进行有效的展开，进行具体的描述。

如果你的 PPT 宣讲的对象是你的员工，或者是你的谈判对象中负责具体事务的人，那么你的 PPT 的字数，可以相对多一些。因为负责具体事务的人，他往往会仔细地了解一些内容；他想了解的东西、他考虑的东西，并不是战略层面的，而是要具体了解你的想法、你的做法，或者这些做法有没有漏洞。

　　面对负责具体事务的人，给他们做宣讲的时候，你宣讲的字数要多。你宣讲的语言，包括语速，可以更慢一些；内容相对而言可以讲得更详细一些。

（3）PPT千万不要照着念，否则会让人失去兴趣和信心

　　第三个原则就是千万不要照着念，不要过分依赖 PPT，要学会线性发散但并不跳跃的 PPT 宣讲。

　　给大家举个例子，苹果公司的灵魂人物乔布斯，曾经明令禁止苹果公司的广告营销团队在会议中使用 PPT。不让用，为什么呢？因为那些知道自己要谈论的话题的人，他并不需要 PPT 去进行补充和描述；当你想表达的内容了然于胸的时候，PPT 就只是一个辅助的工具。

　　过分依赖 PPT，会打断你演讲的思路；照着 PPT 的字句去念，也会让大家觉得索然无味。你想想，如果你写的东西和你口中说的是一模一样的，人家通过眼睛看就可以了解，为什么还要再多花一些心思，用耳朵去听呢？因此过分依赖 PPT 和照着 PPT 宣读，都会让人失去兴趣和信心。

3. PPT宣讲中的语言态度：说自己好就够了，少用否定句，话语要有针对性、有亮点

　　另外，再给大家说一说，我们在 PPT 宣讲中的语言态度，主要有三个核心：一个是语言要舒展，一个是语言要有力度，

还有一个是语言要有亮点。

（1）舒展：说自己好就够了，尽量少否定别人

之前我们说了，我们在 PPT 宣讲中，语言的节奏一定要有变化，不要一味地快或一味地慢，要快慢结合，才会让大家对你的宣讲留下比较深的印象。

那么语言的舒展，所表达的意思就是我们在宣讲过程中，尽量减少一些否定句。避免为了竞争，获取这单生意，去否定对方；或者跟你竞争同一个岗位的同事，你也不要在 PPT 宣讲中，轻易去否定别人。

表达自己，说自己好就够了，这就是语言的一种舒展，少用否定句。

（2）有力度：抓住重点，话语要有针对性

有力度是什么呢？就是你的话语要有针对性，那种闲散的语言、闲言碎语要少用，要精确地提炼自己的优势或者企业的优势，包括你技术的稀缺性。这些东西是重点内容，你要用提炼式的语言和语句来表达。

比如你要向客户推介你们的公司：在互联网快销品营销领域，我们的渠道是国内最多的，我们的团队也是最年轻的，人数也是最多的。这些可以展示你公司特点的介绍，你一定要用惊艳的语言，自信地表达出来，这就是语言的力度。这个力度是和文字，还有你的表达结合在一起的。

（3）有亮点：通过精彩的想法和创意，给大家留下深刻的印象

有亮点是什么呢？亮点往往产生于你的想法，还有你的创意，就是在PPT宣讲的过程中，将你的一些精彩的想法和创意，用语言表达出来。

比如在公司未来预期这一点上，很多人做PPT宣讲，可能会讲未来我们公司的规模会达到多大，我们的盈利有多少，我们的利润率会达到多少，我们会覆盖多少个城市，我们的流量有多少、有多少用户，这是传统的介绍方法。这样一个介绍，很难形成亮点。

举个例子，比如你想说你们生产的这款手机价廉物美，适合三四线城市的用户；你们未来会在两三年内，占领三四线城市的市场。如果你只是去阐述数据的话，大家可能就会觉得这个宣讲没什么亮点。但如果你这么去宣讲，会不会有些亮点呢？

你可以放一张农民在锄地的过程中，使用这款手机查询资料，获取指导的图片。大家可以看到图片中所展示的环境，是山区，相对贫穷和落后，但是就在这样一个地方，大家也可以很自如地运用这款手机来查询资料，进行联络。

这样一款精美的手机和它所处的环境，形成了鲜明的反差。然后你在宣讲过程中就可以说了，这个地方是哪儿哪儿，它相对落后，但是我们的手机已经销售到了这里，我们的市场已经

覆盖到了这里。

你通过这样一张图片和语言的描述，以一个点或者一张图片作为起点，来发散介绍你未来所要达到的一种状况，这样的一种宣讲方式，是不是更容易给大家留下印象呢?

4.运用"总分总"的宣讲结构，层次清晰，打造爆点

接下来，要给大家分享的是，我们在做 PPT 宣讲时，语言的段落结构和法则。

一般情况下，最容易的或者最简单的 PPT 制作宣讲的结构，就是"总分总"的一种结构了。先总的说一说目前面对的问题，然后提出你的观点，再说一说如何解决，最后进行一个总结。这是 PPT 宣讲惯常运用的方法，这样也会使得你的 PPT 宣讲更有层次感和结构性。

我们举个例子，假如两个人分别给自己的客户宣讲他们的 PPT。甲是这么说的：我们有一个产品，我们这个东西非常非常好，你看它的功能很齐全，流线型设计，价格优惠，同时纯金属制作的这款手机很有质感。然后再有几页对公司进行一个介绍。这是甲的介绍。

我们再看看乙，他的 PPT 宣讲是怎么做的。首先是总的介绍了公司的情况，公司历史悠久，实力很雄厚；再介绍这款产品总的情况，公司耗费了多少人力、物力，来进行这款产品的研发。

总说完之后，然后是分，分就是具体说说产品的特性。他进行了一个归类和总结：第一个是外观精美，采取纯金属流线型设计，意大利设计师设计，让人感觉更有质感。第二个是它很轻盈、很方便、很小巧。第三个就是它的价格非常优惠，可以说只有很多同类产品价格的一半。

第四个就是把它其中的一个核心功能再拿出来说，这是区别于其他产品的一个功能，进行详细的分析和介绍，重点把这项功能作为一个爆点介绍，用一页或者两页 PPT 来进行这项功能的介绍。最后再进行一个总结，相比于其他同类产品，这款产品总的优势是什么，未来可能有些什么样的规划。

你看这样的一个介绍，是不是层次更加清晰，而且让大家更容易接受呢？所以我们在做 PPT 宣讲的时候，如果采用总分总结构的话，分层次很重要，你要分出几个层次比较鲜明的点，并且在这些点中，打造一个爆点。就是你要拿出一个点，进行重点的描述和介绍，把它作为你这款产品介绍中的一个引领者或者闪光点。

5. 一个富有感染力的PPT，必须具备这些内容

说完了我们 PPT 宣讲中的总分总结构，再给大家说几个小的窍门。比如我们在进行 PPT 宣讲的过程中，要注意到以下的几个点：

（1）特点要清晰

首先就是你的特点，特点是什么呢？

比如大家在看到冯叔叔这本书的内容之前，在网络平台看到我的语言表达课宣传的时候，你看那个介绍页面，是不是很一目了然地就能发现，这堂课的特点是什么，那就是主持人带你学语言表达，就是主持人来教你说话和沟通。

这门课的老师，不是其他职业的从事者，他是一个主持人。大家想想，人们对主持人的印象是什么？语音很标准，声音很好，很会说话，天天在电视里对着大家说话。

（2）突出优势

另外还要注意的一点，就是优势。

冯叔叔这门课，和其他老师的课程相比，它的优势是什么？你又看到了页面上的介绍，冯叔叔做过各种类型的节目，从新闻播报、天气播报、体育解说、财经节目、访谈，到主持大型的晚会，包括做记者。各种类型的节目，我都做过，所以我了解各种语态下，语言表达的不同方式。

而且冯叔叔有十几年的从业经验，有很多实践的经验。这堂课是把实践的经验总结出来再结合案例告诉大家，这就是优势，大家也可以在我们课程 PPT 上看到。

（3）产品能给对方带来什么好处

还要说到的一点就是好处，也就是通过学习这门课，你能收获什么。

这个页面上也介绍了，通过学习这门课，不管任何场合，你都敢讲了，能够把准备的东西讲出来；而且你更会说了，说的话像讲故事一样，富有感染力；同时你还会听了，能够不轻易打断别人的话，很好地理解别人说话的内容；最后你还会想了，拥有了商学院的思维。这就是能带给大家的好处是什么。

（4）用过推介产品的受众对产品的认可和证明

另外我们还设计了一个学员评价版块，那就是证明。

我们找到一些已经学过这个课程的学员，让他们来告诉大家，这个课程很有效。比如像小米这样的公司，它的广告，硬广的投放其实并不多，它靠的就是粉丝口碑的营销和传播。

所以口碑对一个产品来讲也很重要，因此你需要找人证明你的产品确实很好。比如很多学员学了这门课之后，觉得冯叔叔讲得很好，冯叔叔讲的案例都是生活中一些真实的案例，非常受用。他们的这些评价出现在 PPT 里，也增加了你对这门课的信心。

我们说的特性、优势，带给别人的好处，还有一些使用过的人的证明，这几个版块就构成了一个完整的 PPT 的介绍。你在宣讲的过程中，只要总结好这几个点，我相信你的宣讲一定是有感染力的，而且具有逻辑性和模块性。

三、当众发言时的逻辑梳理法：
理清逻辑，快速构思

最后再给大家介绍一个当众发言、PPT宣讲过程中的逻辑梳理法，让你理清逻辑，快速构思。

1. 表明观点，说出理由，进行举例，重复观点

首先你要表明观点；接着表明为什么要这样，说出理由；然后进行举例；最后再重复观点。这是当众发言、PPT宣讲一个典型的逻辑。

首先你开门见山，把你要说的、要表达的放在前面；接下来的PPT宣讲内容，你要表明理由；然后进行举例；最后要重复观点，加深印象。这是一种常用的PPT宣讲的结构。

2. 是什么，为什么，怎么办，最后总结

另外，我们还可以采用的一种结构是：是什么，为什么，怎么办，最后总结。这也是PPT宣讲、当众发言常用的一种结构。

首先你要告诉你的倾听者，这款产品是什么，为什么你们会想到要做这款产品；然后它怎么样，它的功能有哪些优点，是什么样的，它在市场上的反应是怎样的，目前的市场份额又是怎样的；最后再来总结一下这款产品，以及提出未来的希望。这也是PPT宣讲常用的方法。

3. 说话要有对象感，用眼神与现场的朋友交流

PPT 宣讲其实真的不难，但是大家一定要做好准备，做足功夫。另外你在宣讲的过程中，一定要注意和现场观众的互动和交流，切忌眼睛一直盯着屏幕或者电脑，这就是缺少了有效的交流；要时不时用眼神，去获取现场观众的交流和认同。说话要有对象感，和现场的朋友交流，这才是有效的交流。

临时发言、PPT宣讲, 如何张口就来

如何进行临时发言和 PPT 宣讲, 我们就讲到这里, 干货很多, 赶紧给大家总结一下。

首先是即兴临时发言的几个套路: 第一个套路, "赶过猪"套路, 就是感恩感谢, 总结过去, 然后提出希望, 送出祝福。第二个套路, "问题原因解决法"套路。第三个套路, "黄金三点法"原则, 把要说的事情归纳起来, 总结为三点, 这三点可以按照同类项进行归类, 也可以按照时间轴进行归类。另外即兴发言有"两合两不合"原则, 要有合拍的情绪, 和谐的态度; 不与不支持的立场言和, 不否定、不质疑他人。

我们在 PPT 宣讲的环节, 首先给大家讲了宣讲的"十五、二十、三十"法则, 页数不要太多, 最好控制在十五页以内; 字号要大于 30 号字; 最好用二十个左右的关键词, 就能够概括和总结 PPT 的内容。接着讲了 PPT 演讲表达的一些技巧, 我们要适当地改变语言的节奏, 改变音调音量, 要从听众的角度出发, 而且不能过度依赖 PPT。

另外，我们讲了在PPT宣讲过程中语言的几个特点，要舒展、有力度、有亮点。PPT宣讲的几个内容结构的法则，比如"总分总"法则，还有按照特性、优势、好处、证明这几个方面去进行总结。最后给大家讲了当众发言、PPT演讲的四步逻辑梳理法，让你能够快速构思，快速、有条理地当众发言。

冯叔叔精彩问答

如果你被临时邀请上台给朋友的
婚礼送祝福，你会怎么说？

Q 如果你在朋友的婚礼上，被邀请上台送祝福，这可是临时的，你会怎么说呢？

A 首先婚礼是二位新人喜庆的日子，上台之后祝福新人一定要放在第一步。然后如果你是二位新人中任意一个人的朋友，你可以讲讲你和他们二位新人的关系，怎么认识的，也可以说说你所了解的他们之间的爱情故事或者有意思的事，然后可以说说对他们未来的期望和祝福。

这样的场合发言要聚焦几点：首先一定要以新人为主角，你的讲话一定要围绕他们展开。然后讲话不要太长，你只是送祝福，不要啰哩啰唆长篇大论。再有就是语言的尺度和风格，如果台下长辈、领导多，一定不要过度开玩笑，注意语言的分寸感。

说故事的人
都是故事里的人

11

怎么说让人印象深刻
公开演讲术提高篇

◎ 演讲成功的第一要素：气场，用气场感染观众
◎ 演讲成功的第二要素：内容，用好内容打动观众
◎ 演讲成功的第三要素：巧用幽默
◎ 妥善处理演讲中的突发状况，让演讲顺利进行
◎ 跟主持人学练习公开演讲的小窍门、好方法

　　其实演讲是一个非常大的话题，专门讲演讲，我觉得一本书都讲不完。那么我们怎么在这一篇里把演讲的精髓提炼出来呢？冯叔叔为了讲这部分内容做了非常多的准备。

　　其实回顾一下自己的经历，我从小学开始参加各种各样的讲故事比赛、演讲比赛，到现在工作了都还时不时地要登台进行一些宣讲和推荐。这几十年登上舞台进行公开演讲的经历我总结总结再总结，提炼提炼再提炼，我认为其实好的演讲具备三个要素即可：第一，气场；第二，内容；第三，幽默。

　　万语千言，千言万语，不管用多少字句来总结演讲，都离不开这三个方面。只要你拥有了气场，拥有了好的内容，而且还时不时有一些幽默的话，你的演讲想不成功都难。所以我们就围绕这三个方面来给大家讲一讲，一个好的演讲究竟该怎么做。

一、演讲成功的第一要素：
气场，用气场感染观众

首先第一点，气场。气场这个词是一个网络流行语，它代表了你的形象、你的声音，甚至是你的手势、你的眼神。简而言之，气场就是你带给别人的感染力。用这句话来总结气场，我觉得再合适不过了。

1. 自信，拥有强大气场的首要条件

如果要用一个词来形容气场的话那就是自信。一个好的演讲，首先是你自己要自信，而且这种自信能够传染和感染现场的观众。

好的演讲者即便他不说话，只要走上舞台，出现在大家的视野中，这个气场就能够压得住。有的朋友说了，冯叔叔，我一看到台下乌泱乌泱的脑袋心里就打鼓，我就紧张，我就怕。冯叔叔告诉你们，虽然我登上过无数次的舞台，但是即便是我最近一次登台主持的时候，心里也会紧张。

其实当我们面对很多陌生人时，心里有些紧张是太正常不过的事，当面对无数陌生人的时候，你心里的那种紧张情绪就会自然催生。所以紧张并不可怕，关键是我们要用何种方法把这种紧张情绪给疏解掉。以一个轻松的心态进行演讲，那么你的气场自然就更加强大。

2. 给自己一个积极的心理暗示，
　你会获得意想不到的力量

　　想做到自信、气场强大，首先要学会心理暗示。心理学中的暗示就是告诉自己，自己能够做到，能够达到目标，这无形中就给了自己意想不到的力量。

　　大家一定听说过曹操望梅止渴的故事，讲的就是有一次曹操带兵出征，途中找不到有水的地方，士兵们都很口渴。于是曹操就叫手下传话给士兵说，前面有一大片梅林，有很多很多的梅子，又酸又甜可以用来解渴。士兵们听到这样的话，一想到梅子太棒了，顿时条件反射嘴里都流着口水，一时间就不渴了。同时他们凭借着对梅林中梅子的渴望充满了力量，很快就到达了有水源的地方。

　　你看这就是我们常说的望梅止渴，其实它深层的原因就是曹操给予士兵的心理暗示。所以在心理上给自己一个积极的引导，是有非常强的肯定正向作用的。

　　我们在登台的时候，如果能给自己一个正向的积极的心理引导的话，你的演讲一定会更加顺畅一些。首先是要给自己足够的信心和肯定。有了正向的心理暗示，某种程度上就能缓解你的一部分紧张。

　　有一点紧张的情绪并不可怕，你要很好地疏导它。疏导紧张的方式有很多种，首先可以深呼吸，吸气然后再慢慢地吐气，连续三到四次这样地深呼吸，让自己的内心渐渐平静下来。

3.登上舞台之初，先不要寻求与观众的眼神交流

另外一个缓解紧张的方法就是，当你登上舞台之后看着台下密密麻麻的人，最开始的那一段演讲先不要寻求和台下观众的交流。

当然，你面对的演讲有几种情况，如果是那种正式的剧场式的演讲，灯光照着你的时候，可能你已经没有办法看清楚台下观众的脸了，那么在这种情况下反而有助于你进行演讲。因为当你看不见台下观众的表情、眼神反馈的时候，无形中更容易让自己进入一个专注的状态。

但是如果是那种非正式的舞台的演讲的话，可能你能够把台下观众的表情、眼神捕捉得非常清楚。这种情况下，不是说不与他们进行眼神的交流，而是刚开始的时候，你要渐渐地适应这种环境，让自己不紧张。那么最好的方法就是在最开始的开场演讲中，不要寻求和他们的交流。

你的眼神可以尽量望向远方，让自己找到一个定点，这样你就不紧张了。但是如果你还是能看到某些观众的脸的话，你可以把他们想象成一棵棵萝卜、青菜就好了，别觉得他们有喜怒哀乐传递给你。这样一种状态，有利于在最开始的时候让自己不紧张，让自己很快进入一个顺畅的状态中。

4. 适时调节演讲的声调，让人感觉既舒服
　　又有冲击力

　　说完了通过心理暗示来缓解紧张情绪，我们再来说一说强大气场的另外一点，那就是声调的拿捏。

　　我们知道既然你在演讲，你面对的观众一定很多，那么往往在这种时候，大家容易不自觉地就提高嗓门，高出个八九度。如果有人把你的这段提高嗓门的演讲录下来，你有机会再回听的话，你会发现真的不悦耳，甚至是不堪入耳。因为人在这种错误的判断之下，以自己的认知觉得我要提高嗓门对方才能听得清楚，其实这个时候可能就会做得有些过了。

　　那么如何把握你的声调？这要根据现场的观众人数。如果你是在一个百人以上的场地进行演讲的话，你对麦克风的使用就要有技巧了。这个时候因为有麦克风的助力，所以你的声调没有必要拔得很高，你利用好麦克风就行。

　　当然这个时候不要因为激动让麦克风离自己的嘴太近，容易喷话筒，影响音质。你的嘴跟话筒保持一个适当的距离，然后说话的气息和语调，比平时一对一或者一个人对几个人那种说话，稍微提高一点点嗓门和气息就足够了。因为你有麦克风，它可以帮你把声音传播更远。如果你一味地提高说话的声调和气息的话，反而会造成聒噪的效果。

5. 衣着要得体，根据不同的演讲类型，选择合适的服装搭配

说完了对声调的掌握，我们再说一说形体语言。形体语言是气场的一个非常重要的部分，形体语言包括我们的衣着、动作、眼神等等。

首先说一说我们的衣着。演讲有几种类型，如果是偏生活类的演讲的话，我觉得穿一件轻松的T恤，颜色稍微亮一点，下面配一条休闲的西裤，这是一个比较好的穿搭方法。哪怕你穿了一条牛仔裤，只要你是一个很轻松的状态，可以融入这种生活类的分享中，那也是没有问题的。

如果是非常正式的一种演讲的话，我觉得打领带、穿衬衫或者是西服还是很有必要的；如果是女士的话，职业装也能够起到让自己看起来更加精神、增加公信力的作用。

6. 用手势增强演讲的说服力，但手势不要太大太频繁

另外，在肢体语言这个层面，通常心理学认为，说话的时候喜欢做手势的人性格是很自信的，他们很习惯通过手势来增强自己的说服力。这种人同样也是天生的领导者，像马云和雷军在演讲的时候都喜欢做一些标志性的手势，还有肢体语言。

但是冯叔叔要提醒大家的是，**手势在演讲中只起到一个辅助性的作用，所以我们演讲的手势切忌太大开大合，而且在演讲过程中手势也未必是要非常频繁的**。如果你的手势幅度太大，

或者是用得太频繁，容易抢了演讲内容的戏。

　　所以当你的演讲内容有很多干货的时候，你的手势尽量出现在一些很重要的内容的环节中。那种大开大合的手势应该出现在更高潮的环节，或者是结尾的部分。

　　通过频繁、大幅度的手势来增加演讲内容的影响力，如果你的手势过于频繁，可能会出现适得其反的效果。当然完全没有手势或者是手势幅度太小，会让人觉得你这个人比较拘谨，你的演说的张力也会受到影响。

7. 用眼神照顾到演讲现场的每位观众

　　说完了手势我们再说说眼神，眼神也是构成我们气场一个非常重要的环节。有的人经常开玩笑说我用眼神杀死你，说明眼神是很重要的，你千万不要以为在演讲这种场合中，观众无暇顾及你的眼神，如果你这么想那就错了。

　　你虽然面对的是成百上千的观众，但是他们关注的演讲者只有你，所以你的任何一个细节都会被他们捕捉到，哪怕你和他们有一定的距离，他们也能感受到你的眼神。

　　在演讲的过程中，如果你开场的时候比较紧张，那么，最开始你就眺望远方找一个固定点，让自己进入一个演讲的气场中。当这种气场步入正轨了，你的演讲也就顺畅了。渐渐放下了这种紧张情绪的时候，你就可以把眼神收回来去寻找一些台下的观众，和他们进行眼神的定向交流。

　　当然了，这种眼神的交流不要只固定在一个点，或者只找一两个观众进行交流，你可以先跟中间位置的几个人进行眼神交流，然后是左边的观众、右边的观众、后边的观众。就像歌手开演唱会的时候会说，"左边的朋友你们好吗？右边的朋友你们好吗？"其实他是要照顾到现场所有人的情绪，让他们和自己产生共鸣；眼神的交流也一样。

　　你在演讲过程中先盯着前排的几位观众，然后去找左边后排你能够用眼神够得着的那几位，然后再换一换。这样一种眼神的交流，让各个区域的人都和你有一个互动，产生共鸣，也使得你的演讲是移动性的、流动的，而不是定在一点的木讷的，所以眼神可以帮你照顾到周围的观众和环境。

二、演讲成功的第二要素：
　内容，用好内容打动观众

　　说完了气场，我们进入演讲的第二个重要环节，那就是内容。内容可以说是重中之重，那么一个好的演讲内容的重要性就毋庸置疑了。而在演讲内容中，开头和结尾可以说是重中之重。

1. 好的开头是成功的一半：
　自嘲式开头，活跃气氛，给观众留下深刻印象

　　我们主持界的前辈白岩松老师说过：演讲也好，节目的主持也好，晚会主持也好，只要你的开头成功了，那么这个演讲

也就成功了一半。

　　其实一个好的演讲的开头还真有一些套路。比如说如果你参加的是一个分享类的演讲，在现场的气氛相对比较轻松的情况下，你完全可以采用自嘲式的开头这种方法。

　　很多成功人士、著名人士，他们在演讲的时候都喜欢用自嘲式的开头，就是一开始的时候先自嘲一番，把自己损一损，让现场的朋友们进入一个放松的状态，这样的话后面的内容他就能很好地进行了。

　　比如有一个姓胡的企业家，在一次演讲中他是这样开头的：我今天不是来向各位做报告的，我是来胡说的，因为我姓胡嘛。就这么简单的一句话开头，观众大笑。这个开场白既介绍了他自己，又体现了演讲者比较谦逊，还活跃了气氛，真是一石三鸟，堪称一绝。

　　冯叔叔在发言还有演讲的时候也喜欢自嘲，拿自己打趣。大家知道冯叔叔的名字是两点水一个马，是"冯"字，然后一个歹一个朱，是"殊"字。我也比较喜欢用自嘲式的这种开场来做我的演讲的开头。

　　有一次我去一所大学做有关如何勤奋努力、如何利用好大学有限的时间努力学习的演讲的时候，我是这么说的：大家好，我叫冯殊，我的名字拆开就是二马歹朱。我知道自己天资很一般，所以我在大学的时候就知道，只有自己更努力，笨鸟先飞，才能做得比别人好。别人往往一匹马就能够逮一头猪回来，而我得用两匹马的努力才能逮回一头大肥猪，所以我要比别人付出更多才行。

我就是用了一个自嘲式的、将自己的名字拆开来进行解释的开场。这样的开场很容易给别人留下印象，而且活跃了气氛。

2. 见景生题式开头: 以眼前的人和事切入主题, 拉近与观众的距离

还有一种开场的方式就是见景生题式的开头。往往我们演讲的时候，一登台就正正经经地去说，会给人非常生硬的感觉，观众也很难接受，所以我们不妨以眼前的这些人或者事，或者所处的环境为话题去切入，进行一个演讲的开头。这样的话，观众就会不知不觉地被你带入演讲的氛围中。

冯叔叔举一个例子，假如你演讲的时候正好是三九天，很冷很冷滴水成冰，但是这样的一场演讲，会场却爆满，来了很多人，现场气氛非常热烈，所以你不妨以这样的天气作为话题引入开头。

比如你说: 今天是三九天，北方进入了滴水成冰的寒冷季节，但是现场的朋友们居然从四面八方准时聚到这里，现场的温度瞬间升高了十度，我们现场感觉非常的温暖，气氛很热烈。

你看这是以天气和气候作为当时的一个环境切入。再比如

你去到另外一个城市，你也可以以这个城市的人文地貌或者当地的民俗小吃作为开头。

比如你是在西安进行的这次演讲分享，那么你开头就可以这样说：各位好啊，西安我是来了一次又一次，但是每一次离开之后我都恨不得马上又来，因为这里的羊肉泡馍实在太馋人了，你看我又被羊肉泡馍给吸引过来了。虽然我们今天的会场距离最近的羊肉泡馍馆还有好远，但是我感觉羊肉泡馍的香味好像已经飘到了会场里，我得赶紧分享完，然后去好好吃上一碗。

你看这样一种见景生题式的开头，就把现场的观众、现场的环境，或者现场他们能感知的事，迅速地拉到了你的演讲内容中，让他们和你心灵间的距离不知不觉就变近了。

前面我们说到的白岩松老师在耶鲁大学演讲的开头，就是见景生情式的开头，到了耶鲁，拿耶鲁来开场。

他来到耶鲁，开场是这么说的：过去的20年，中国一直在跟美国的三任总统打交道，但是今天到了耶鲁我才知道，其实我们只是在跟一所学府打交道。你看来到耶鲁大学，就地见耶鲁大学而生题，把美国的三位总统都毕业于耶鲁大学归纳在一起，使用了一个既幽默又能够和现场观众贴近的开头的方式。

3. 悬念式开头：提问题，讲故事，吸引大家的注意力

另外，还有一种开头的方式叫作制造悬念式开头。

有一次冯叔叔去一个小学进行科普宣传演讲，我要讲台风的形成原因。为了这次的演讲能够顺利完成，让同学们能有一个直观的印象了解台风的成因，我进行了一个悬念式的开场。

我问：同学们，你们在家里有没有看过爸爸妈妈洗衣服啊？是用滚筒洗衣机清洗的那种。家里是滚筒洗衣机的，也看过用它洗衣服的请举手。很多同学都举手了。我接着问：那么同学们，你们知不知道，为什么洗完衣服之后打开洗衣机的门，里面的衣服都贴在四周，而中心往往是空荡荡的呢？

这就是悬念式的一个开场，提出了一个问题，问同学们知不知道为什么用滚筒洗衣机洗衣服，洗完之后衣服都贴在四周，而中心却空荡荡的。这个时候同学们真的是众说纷纭，瞬间就让气氛热烈起来，也吊起了他们的胃口。

然后我再进行原理的解释，因为洗衣服的时候洗衣机内部是滚动的，衣服被甩向了周围，离开了中心，这就是我们说的离心力，而台风的形成也是同样的道理。接下来我就开始深入跟同学们进行一个讲解，开始了我的演讲。

你看这就是我们说的另外一种开场——悬念式的开场。再给大家介绍一个悬念式的开场，那就是故事性的开场。你可以用一个小故事引入今天演讲的内容。假如你要告诉大家专注、坚持、自信是多么重要，那么你完全可以在演讲的开头分享一个有关匠人的故事。

　　像"百年老店"，比如说泥人张，还有全聚德、同仁堂等，专注、坚持做事情的品牌的故事，作为一个开头来引入接下来的演讲。

　　故事的开头是什么呢，很容易把大家引入一个状态，因为听故事容易让大家的注意力集中，所以用故事开头也是一个不错的选择。

4. 演讲的结尾有哪些方式: 名人名言式结尾, 希望祝福式结尾, 总结式结尾

　　说完了开头，我们再说一说演讲的结尾有哪些方式。

　　最常用的一种就是名人名言式的结尾，这种方式是很讨巧的，因为名人名言本来传播率就很高，而且它的总结性很强。比如罗曼·罗兰说："真正的英雄是认清了生活的本质，还能够继续热爱生活"。你看这样的话作为结尾又有力量又有总结性。

　　还有一种结尾的方式，可以用祝福、希望、展望未来来结尾。这样的结尾能够让大家感受到你的这次演讲给大家带来的温暖，这是温暖式的结尾。

　　还有一种结尾方式，总结式的结尾，就是把你刚才演讲的内容进行一个简单分类，进行一个总结和梳理。

　　如果是一个比较长的演讲，不是你演讲的每部分内容大家都记得非常清楚，都能给大家留下印象，如果在结尾的时候你进行一个总结还有归类，让大家把之前错过的内容再回想一遍，

这也是非常讨巧的一种方式。

另外，短小精练的故事也可以用作演讲的结尾。短小精练的故事用在开头和结尾对演讲都是很有帮助的。

5. 演讲内容的编排和结构：把亮点分布到演讲的各个阶段、各个段落

讲完了如何做演讲的开头和结尾，我们再来说一说演讲内容的编排和结构。

著名主持人蔡康永老师说过："**一个好的演讲，并不是从头到尾都是亮点，都是字字珠玑，这很少有人做到。但是亮点会分布在你演讲的各个阶段和各个段落，**每两三段或者每十几分钟，你的演讲过程中都有一个让人印象深刻的亮点出现。这就是演讲内容的一个编排。"

说到演讲内容的编排，冯叔叔还是要建议大家，一个好的演讲离不开动笔，最好能把演讲的内容写成文字或者是大纲。根据个人情况，有的朋友可能习惯于写成文字，更详细一些，但是有的朋友列出大纲就很好了。

冯叔叔的建议是未必需要字字句句都写出来，但是你每个段落、每个部分的文字大纲要非常清晰。你可以每段总结出几个关键词，这样的话，你在记忆的时候就可以通过这些关键词回忆出话语。

另外，我们在演讲的过程中，还容易出现忘记内容的情况，

这种情况其实也是在所难免的。那么，如果你把每一段的关键内容都总结成一两个词的话，不仅更便于记忆，而且每段的结构内容用关键词进行一个总结标注的话，你对每段的把握也会更加胸有成竹。

6. 演讲的语言一定要口语化

　　说完了文字内容的整理，还有关键词的总结，还要给大家说一下，就是我们演讲的语言一定要口语化。

　　那些很书面的语言最好改写一下，比如像才情这样的词，你可以改成才华，或者是这个人很有才。这种口语化的语言有利于感染现场的观众。所以一个好的演讲者，他的语言一定是口语化的。哪怕是网上的一些网络流行语，比如点赞这样的词语，都可以用在你的演讲中。这样的语言更容易拉近你和现场观众的距离。

7. 演讲的内容、结构如何编排: 总分总式结构、
　金字塔式结构, 让演讲的逻辑更清晰

　　下面，我们再来说一说演讲内容的编排和结构的一些套路。

　　其实一个好的演讲一定是结构非常分明的，常用的结构方式，我们在讲即兴发言和 PPT 宣讲的时候已经给大家讲过。总分总这种结构是很常用的演讲的结构。因为总分总这种结构会让大家在一头一尾的时候，对演讲内容有一个直接的或者是概念性的了解，然后在分的过程中最好进行一个简单的归类。

多用首先、然后、其次、最后, 或者是第一点、第二点、第三点、第四点, 这样一个归类式的演讲, 这样的演讲有助于演讲内容的清晰性。

当然了, 如果你进行的是产品推介, 或者项目推介类的演讲, 那么不妨可以采用我们之前说过的是什么、为什么、怎么样、最后总结这样一种金字塔式的结构方式。所谓金字塔式结构, 就是一个内容, 下面发散出很多论据, 再继续发散, 最后总结。这样会让你的演讲、你的分享更加清晰, 逻辑线条也更加突出。

8. 如何进行精彩的励志类演讲:
用事件引导, 转变, 启示的结构来编排内容

另外, 还有一种演讲的内容结构方式, 即事件引导, 发生转变, 最后说启示。

这种结构往往用于那种励志类的, 需要有煽动性的、渲染性的演讲当中。触发事件是什么呢? 就是你通过一个故事把这个事情引出来。

比如你可以举例说: 一个人他在短时间之内婚姻破裂、家庭破裂, 还失去了工作, 一个人带着孩子, 他觉得除了流浪汉他可能是世上最穷、最惨的人了, 他跌到了人生的低谷, 这就是触发的这个事件。但随即而来, 他的人生发生了一个大的转变。

他发现虽然自己跌到人生的谷底了, 但这也意味着去除那些无关紧要的东西, 他再也不用伪装了, 他也认清了自己, 从

此开始了努力奋斗逆袭。在人生低谷的时候，每一次的努力都是在往上走，他通过这样的心理暗示，努力找回了自己的尊严。最后这个人成为了一家大公司的销售冠军，进而升为销售总监，再成为公司的副总裁，真是一个励志的故事。

　　最后这个故事给我们带来了很多的启示：在人生低谷的时候千万不要放弃，我们要把这些坏事努力变成好事。人在低谷的时候能够更清醒，能够看清更多人、更多事，能够自己静下来，抛去许多多余的顾虑去努力，这就是一个总结性的启示。

　　你看引发事件、事件转变，这是前后强烈的对比，然后引出启示，这是一个很好的励志类演讲的结构。

9. 如何讲好一个故事：讲真实的、具有煽动性的故事，拉近与观众的距离

　　说完了演讲内容的编排，再给大家说一说演讲中很重要的一点，那就是讲好一个故事。

　　之前在讲演讲的开头、结尾的时候冯叔叔说了，你可以用一个短的故事进行开头引入，也可以用一个短的故事进行结尾、收场。当然了，好的故事也可以用在你的演讲过程中。

　　故事的长短如何选取，要根据你演讲的内容进行安排。但是在段落中，演讲的故事可以适当地长一些，情节如果有一些起伏，也许更能吸引人。当然了，你也可以准备两三个故事，把它们分散在中间内容的两三个段落中，这样的话，故事的起

伏也能够有所承接。

故事怎么讲呢？之前冯叔叔在讲如何做营销，如何跟同事、领导、客户沟通的时候，也说过如何讲故事。那么演讲的故事和之前的那些故事最大的不同就是，演讲中的故事要更具有煽动性和真实性。

因为你是面对很多人在讲，如果这个故事的真实性不够、煽动性不够、起伏性不够的话，你就很难像一对一面对客户的时候那样，让故事打动人。所以**故事真实、情节有起伏是我们选取在演讲中使用的故事很重要的一点**。

我们在演讲的过程中选用故事的套路还是那几个，比如有关名人的、大家都熟知的故事，让大家更容易产生共鸣，也更容易讲出感情和起伏。

如果你分享的是自己真实的故事或者你身边朋友的故事，也更容易让大家对你产生亲近感，你的这个演讲就能够吸引人。但讲自己的故事或者身边朋友的故事，要注意什么时间、什么地点，以及他们的名字一定要真实，而且对细节的描述要非常到位，这样就能进一步增加亲近感，也保证了故事的真实性。

三、演讲成功的第三要素：巧用幽默

接下来，我们再来讲讲演讲中的第三个重要的要素，那就是巧用幽默。**一个好的演讲未必是幽默的，但是幽默的演讲一**

定是一个好的演讲，这也体现了幽默在演讲中的重要性。幽默虽然是一个好的演讲的重要因素，但不能乱用幽默，首先幽默一定要贴近现场的主题，还有环境。

1. 自嘲式幽默，拉近与观众的距离

那么演讲当中究竟如何用好幽默呢？冯叔叔在这里给大家举几个例子。幽默有很多种，其中自嘲式的幽默能增加大家对你的好感。那么怎么自嘲呢？

举一个苹果创始人乔布斯的例子，乔布斯在斯坦福大学的毕业典礼上受邀进行演讲，他是这么开场的。他说：这可能是我人生中离大学毕业最近的一天。大家都知道乔布斯是辍学创业，他敢于在公开场合自嘲来拉近和现场观众的距离，让自己融入现场的氛围中，确实是一个了不起的人。

这就是自嘲式的幽默。

2. 对比反差式幽默，用强烈的反差引起大家的注意

还有一种幽默就是强烈的对比反差。

冯叔叔说一个自己的例子。有一次冯叔叔在北京大学光华管理学院进行一个班级的汇报演讲，当时我们这一组的课题是医疗抗生素的使用问题。大家知道我们生病之后吃药、吃抗生素，如果吃得过多病菌就会产生耐药性，以至于你以后生病的时候，吃抗生素、吃药都赶不跑病菌，这是一个很严肃的话题。

　　冯叔叔在进行这个话题演讲的时候，拿我们班上一位型男体育健将作为一个开头引入。我说大家可以转头看一看，我们班平时身体最好、最爱运动的某某某，他今天生病了还戴着口罩，和他平时的型男形象完全不一样，因为我们组的专家坚持不让他吃抗生素、吃药，因为现在抗生素的过度使用，会导致病菌产生耐药性。

　　今天我们就来分享一个关于医疗抗生素使用的话题。这就是通过一个强烈的对比反差，让这位同学过去的形象和现在生病的形象进行一个对比，引入我们今天要讲的话题。

　　我们再来看一个有关乔布斯对比反差的例子。乔布斯说自己20岁创办苹果公司，在公司刚发布了史上最棒的产品、自己刚满30岁的时候，却被自己的公司炒了鱿鱼。怎么会有人被自己创办的公司炒鱿鱼呢？这就起到了很好的反差效果。

3. 敢于开领导善意的玩笑，活跃气氛

　　还有一种幽默的方式就是敢于开领导或者是上级的玩笑。

　　比如你在非正式的演讲中，敢于把自己的领导或者上级或者很成功的人物拿来开玩笑，可能就会拉近你和现场观众的距离，也能够加深他们对你演讲的印象。因为在大家的印象中，领导都是严肃的、让人敬重的，如果你能恰到好处地开领导或上级的玩笑，利用这种反差，会让人对你的发言印象更深刻。

　　比如说你开上级的玩笑，你可以说我们这个领导在工作中有一个很大的毛病，就是不能正确处理工作和休息的关系。

　　你看这虽然是一个玩笑，但仔细想来，他的内在语是在夸赞领导一心扑在工作上，都没有时间休息。这样一个拿上级开的玩笑，既活跃了气氛，增加了大家对你演讲的印象，也让上级觉得其实你是很关心他的。

4. 一语双关式幽默，让大家会心一笑

　　还有一种幽默的方式就是一语双关，主要有两种：一种是谐音，就是语音接近的词；另一种是谐意，就是意思相近或者具有双重意思。

　　比如冯叔叔拿自己的名字举个例子，二马歹朱。这个"朱"和真正的小胖猪是谐音的，所以逮的是小胖猪，而冯叔叔的名字拆开是姓朱的"朱"，这就是巧用了一语双关的谐音。再比如你在给大家送祝福的时候，猪年到了你要祝大家诸事顺利，说话的时候字字珠玑、妙语连珠，这些都是用了一语双关中的谐音。

　　我们再举一个一语双关中谐意的例子。著名影星施瓦辛格在刚刚当选加州州长之后，第一次演讲他就说：今天早上我被女儿叫醒了。女儿说："州长先生，你的咖啡好了，喝吧。"实际上这个咖啡是在谐意加州目前债台高筑，当时的情况并不好，所以他这个州长当得比较苦，要开始过苦日子了。你看施瓦辛

格把一语双关中的谐意用得多好。

5. 夸张式幽默，加深大家对你的印象

第五种幽默呢，就是夸张式的幽默。冯叔叔经常使用的夸张式幽默的一个"梗"，就是说我们的节目。大家知道我们的《天气预报》收视率非常高，在电视节目中是排名前列的，所以有时候冯叔叔会很自恋，甚至很夸张地说，如果你们不认识我，或者没有在电视里见过我，那只有一个原因，就是你们家里没有电视。这就是一个典型的夸张式的幽默，用夸张式的幽默告诉大家，我们节目的收视率很高。

如果以上几种方式的幽默被你用在演讲中的话，你想想是不是大家会觉得这个人有点意思。

四、妥善处理演讲中的突发状况，
　让演讲顺利进行

1. 突然忘词怎么办：
　用关键词回忆法想起后面的内容

给大家分享一下我们在演讲过程中可能遇到的一些突发情况，比如忘词。前面冯叔叔也说了，我们在准备内容的时候，每一段都尽量有几个关键词。你把这些关键词牢牢地记住，一旦遇到忘记演讲内容的时候就想想这些词，你就可以顺利地进

行演讲了。

2. 遇到刁难怎么办：保持风度，正面回复，做一个结尾式的发言

　　还有一种情况，那就是现场的观众突然要发问、要刁难你的情况。

　　这种情况在演讲中也会遇到，如果遇到这种情况，首先还是要保持自己的风度，让他把话说完，然后有两种处理方式。一种是你可以幽默地说这个问题我好好思考一下，演讲结束我们再单独进行交流。还有一种方法就是正面回复，说出你的观点，但要做一个结尾式的发言，这样就不会有提问者、刁难者进一步影响你正常的演讲了。

3. 观众不热情怎么办：尽快结束演讲；或者与观众互动，把观众唤醒

　　当然还有可能遇到一种状况，那就是现场的观众并不热情。

　　这种情况往往会对演讲者的自信心有一定的影响和打击，那么在遇到这种情况的时候，你首先要总结一下，自己的内容是不是不够惊艳，你要快速回忆一下你的演讲内容；之后的演讲内容要尽量简短，演讲的时间可能要缩短。

　　还有一种方法就是，立即和现场观众在某个环节的时候进行一个互动，向现场的观众提出问题，问一下他们的意见，或

者是提出一些征询，让他们举手回答，和你形成一个互动，这样就能把沉睡中的观众，或者并不积极的观众唤醒。

五、跟主持人学公开演讲的小窍门、好方法

最后教大家几个练习演讲的方法。首先一个是录音；还有一个是对着镜子边演讲边看自己的神态、动作还有语言。

另外给大家分享一个中国传媒大学播音系练习演讲和即兴发言的好方法，那就是找一个话题，做一个三到五分钟的即兴演讲。

题目可以取得大一些，比如我的梦想，这是一个很好的练习演讲的题目，或者我热爱的工作、我向往的事业，这是比较大的题目；比较小的题目，可以是你对社会热点事件的看法，比如互联网对生活的改变，这也是一个演讲的好题目。经过几次这样的反复练习之后，你会发现，你的演讲水平已经慢慢地、不知不觉地上了一个台阶。

哈哈哈哈

单身狗

总结

如何做好一个演讲?

下面，我们总结一下，如何做好一个演讲。演讲想要成功，也就是说一个好的演讲，最重要的有三个要素。

第一个要素，就是你的气场。气场来自哪儿呢？首先是你的自信；其次就是演讲的声调，这个很重要；第三就是你的形体语言也很重要，这都是你气场的一部分，包括衣着、手势、眼神等。

第二个要素，是演讲的内容和结构。首先有一个好的开头，你的演讲就成功了一半。开头有自嘲式开头、见景生题式开头，还有制造悬念式开头，以及故事性开头。结尾也有几种方式，分别是名人名言式结尾、总结式结尾或是祝福式结尾。

另外，演讲的内容，我们要尽量口语化，我们的表述要尽量接地气一些。准备演讲的时候，通常要把大纲，包括你写的文字准备得充分一些，但切忌念稿，不要背稿。

你可以把每一段的内容，通过一些关键词概括起来。如果遇到忘词或者其他意外情况，这些关键词能帮助你回忆起演讲的内容。

另外，内容的编排还有结构，也非常重要。内容的编排有几种模式：首先是事件引出、转变、启示，这是一种套路和模式。还有我们之前说到的，总分总的结构，或者金字塔形的结构。一个好的演讲，一定要会讲故事。讲什么故事呢？要讲你自己的故事，你身边的故事，用这些故事充实你演讲的内容，吸引大家的眼球。

第三个要素，就是幽默。我们讲到了自嘲式幽默，还有对比反差式幽默，另外拿领导、上级开玩笑也是一种幽默，还有一语双关式幽默和夸张式幽默。

最后，我们讲了练习演讲的方法，可以对着镜子练习，也可以录音回听。

大家未必记得住你说的话
但会记住对你的感觉
所以多提靠谱问题
善于倾听才最好

会说话
必备四大素质篇

- ◎ 跟主持人学言简意赅的"金字塔原则"
- ◎ 跟主持人学创新思维方式
- ◎ 跟主持人学提问和倾听的技巧
- ◎ 跟主持人学随机应变的智慧法则

真正的高情商
不是精通套路和心机
而是替别人着想的善意

　　这一篇，我们来总结一下前面 11 篇中的一些精髓的内容和话题，再加上一些内容，把它变成我们如何沟通、如何说话，总结精练式练习提高的内容。这篇我们主要讲一讲会说话必备的四大素质。

一、跟主持人学言简意赅的
　　"金字塔原则"

　　首先我们要说的第一个素质，就是和主持人学言简意赅的金字塔原则。这里，冯叔叔要给大家分享一个我自己的观念。

其实一个真正讨人喜欢的人，或者你感觉很温暖、舒服、会说话的人，他一定是一个话不多的人。我们在各个场合说话，并不在于话多，而在于你话能否说到点上，你说话的时机对不对。所以冯叔叔告诉大家的第一个主持人必备技能，就是言简意赅。要么不说，要么你说的话，要直中要害、字字珠玑。

1. 在各种场合，一定话不要多；把握好说话的时机；尽量不要做第一个发言的人

说话言简意赅，究竟要做到些什么呢？首先在各个场合，一定话不要多；另外一点就是要把握好说话的时机；第三点就是尽量不要做第一个发言的人。

再就是除了和朋友天南海北闲聊打发时间外，其他任何时候，和客户、同事、领导聊天，一定要语意精准。就是你说的每一句话，都是有信息量的，千万不要说废话。

2. 通过关键词、关键点，说精准有效的话，不说废话

要说有效的话语。所谓有效的话语，就是你说的内容，当大家回忆起来的时候，能够通过一些关键词、关键点，来总结你说话的内容。

比如冯叔叔在 2018 至 2019 年这一年多的时间中，作为主持人参加了中国科协一个很有意义的科普项目，叫"我是科学

家"。这个项目由果壳网承办，把中国目前各个行业的顶尖科研人员聚集在一起，让他们用讲故事的方式，把高深的科学知识以通俗易懂的语言告诉大众。

可是各个行业的科学知识真的是博大精深，即便是科学家用最通俗的语言来描述，普通大众也未必能听得那么明白。后来在和科学家们的交流讨论过程中，大家得出一个共识，那就是，不管是科学家的分享，还是 PPT 的制作，都要把握住一个关键点，那就是每一个段落或者板块，都要有一到两个关键词可以概括。

比如说有一位科学家，他要分享量子力学这个十分深奥的话题，他在解释什么是量子时，就用了关键词解析法。他配了一张图片，然后图片上就写了几个字，量子：构成物质的最基本单元。并且他把最基本的三个字加粗了。你看，这样的解释和示意就显得十分一目了然了。这位科学家就是用了关键词、关键点解析法，来将复杂深奥的东西简单化。

3. 说话言简意赅的金字塔原则：
　　提出观点，论据支撑，对论据的发散

所谓金字塔原则，概括说就是一开始就说出总的观点，下面有多个论据作为支撑，而每一个论据再往下发散，这样就构成了一个金字塔的形状。开始的观点是精髓，接下来一个一个论据、一个一个内容进行铺展，形成一个金字塔的结构。

不过冯叔叔个人建议，金字塔的底座最好不要发散太多。

我觉得总的观点下面，最多三到四个论据作为支撑；每一个论据下面，最多三个左右的分论据。这样的发散，结构性更强一些。

言简意赅的金字塔原则

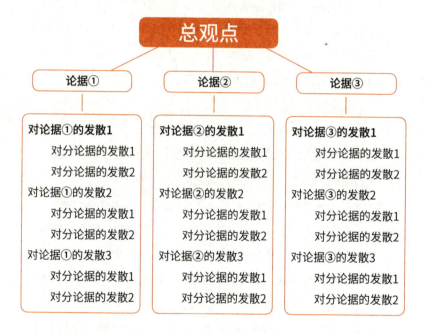

说到这些，我要举一个例子。比如你是一个销售，要给你的客户推销产品，那么你如何用金字塔原则，去进行精准的产品介绍呢？

首先，我们要总结这个产品的优势究竟是什么，这就是你金字塔顶端的东西。**一个产品可能有七八个优势，有七八个特点，但是你千万不要什么都说。如果你把所有的优点都说出来，客户反而记不住。**所以你要从这七八个优点中，选出三个左右的优点，作为主要内容去描述，这就是你金字塔的顶端。

这个金字塔的构建就是：你告诉客户这个产品是什么，这是金字塔的顶端；然后这个产品有三个优点，这三个优点分别是金字塔塔尖下面这一层的三个点；然后每一个优点下面，你可以通过两到三个分论据去进行证明。

比如你的这款产品，它人性化、非常潮、价格合适，这是它的三个优点。你说完这三个优点之后，要分别对这三个优点进行介绍、描述，你要找出新的论据去支撑每一个优点。

首先你说到人性化，你可以说我们这款产品非常人性化。

接下来，你第一个要说的是它是可以定制的，我们会根据您的数据特点，量身为您定制一个产品。另外您每天的一些大数据，也会被这款产品搜集，搜集到一块儿之后，大数据会进行整合处理，给您提供下一步的方案。这是第二条支撑人性化的腿。同时这款产品还会刻上您的名字，便永久是您专属的了。这三个论据是支撑人性化这个论点的。

接下来我们要对这三个论据进行分别的解释说明，去构建它的底座。比如第一个，它是可以定制的。首先工作人员会上门对您的整个身体数据进行记录，这是第一点。然后还会根据你的职业情况、你过去的一些经历，包括消费情况等，再进行一个挖掘。通过这两点来支撑定制这一优势。关于上门采集数据这一点，你又可以向下发散了，比如我们会根据你的时间安排，我们的采集流程又是什么样的，我们会做哪些采集，这是对上门采集数据进一步的细化。

这就是我们所说的金字塔的构架。每一个点，再往下可以继续发散两到三个分论点进行支撑。

说完了人性化，再说最潮的。我们这款产品为什么是最潮的？首先它的设计师来自法国，这又构建了一个点。另外它的用材全是高精尖的。第三点，好多明星、网红都在用。这又构建了三个分论点底座。我们再往下发散，设计师非常优秀，是来自法国的，我们介绍一下这个设计师的背景是什么，再说说他有哪些作品，以前设计过什么作品，他有足够的实力，等等。

这就一点一点、一层一层地从上往下构建了一个稳固的金字塔。你这样进行产品介绍，人家会感觉，这个介绍脉络很清晰，每一条线，它通往上层都有一个点。而且你的话没有废话，每一个点、每一句话，都围绕着产品。这就是言简意赅的一个非常典型的金字塔原则。

二、跟主持人学创新思维方式

　　我们接着说主持人必备的第二项素质：创新思维，成为人群中的意见领袖。可能大家会注意到，某些人在一个集体里，话不会太多，但你总感觉他有一种气场，只要他一张口说话，这个人就可以用两个字形容：靠谱，他会给你带来信赖感。

　　其实大家也注意到了，在生活中、在职场上，一个集体里凡是做得最多、敢于承担责任的人，他往往是这个集体当中，说话最算数，最有公信力的人，这是一方面。另一方面，**一个会说话，知道在什么时候说话，说话能说到点儿上的人，在一个集体中，也会成为领袖级的人物。**

　　在我们的商界大佬中，像马云、雷军、冯仑，他们都是具有领袖气质的。因为他们会说话，他们敢说话，他们话能说到点儿上，而且他们说的东西，总会让你觉得很有道理，这都是创新思维所决定的。

1. 拥有创新思维的第一要素: 大胆说出你的观点，成为意见领袖

（1）大胆说出你的观点

　　其实在一个集体中，有一些人，他永远不会说出自己的观点，他只会附和，所以这种人永远成不了领袖。要想成为意见领袖，拥有创新思维，第一点就是要大胆说出你的观点。

生活中，任何一件事、任何一个人，你都有对他的看法，这种看法就是你的认知、你的观点。往往在一个集体中，不能成为领袖的人，大家会忽略他，他不敢说出自己的观点，他怕自己说出的观点和别人不一样怎么办，被别人质疑怎么办。所以要想成为意见领袖，拥有创新思维，第一点就是要大胆说出你的观点。

（2）当别人的观点与你的相同时，补充、论证他的观点；当别人的观点与你的不同时，要敢于反对

有人说了，如果我们讨论一件事情的时候，有人已经说出了他的观点怎么办？这分几种情况。如果已经有人说出了他的观点，你认同的话，你可以对他说话的内容进行一个补充、分析，提供更多的论据去论证、支持他的观点。这种发言往往会收获大家的认同和好感。

还有一种情况，当他的观点和你的观点不一致的时候，你要敢于反对。在开会讨论的过程中、在生意场上，切记千万不要不满意不说，不一样的观点也不提。这是一个集体中，最不应该出现的事情。所以当一个人的意见跟你的不一致的时候，要敢于反对。

做到了这几点，你在集体中，大家就会知道，这个人是一个有自己观点的人。在一个团队里、在职场上，有自己观点的人，往往是容易成为领袖的人。

（3）说出自己的观点后，补充的论据能说到点子上

敢于说出自己的观点之后，补充说的话你要能说到点儿上，

这就是水平了。

　　你会发现在工作中有很多人，虽然他有自己的观点，但是提出观点之后，绕啊绕啊，用一大堆话都解释不清楚这个观点，所以这种发言是无效的，说了等于白说。所以提出观点之后，你要善于找到能够证明你的观点的论据。这就是我们辩论当中所说的有效论据。

　　所谓有效论据，就是话说到点儿上。比如冯叔叔在一次工作讨论中并不太认同一位同事的观点，那位同事认为应该主要以收视率的高低来决定节目的考评。我的反驳首先说出了自己的观点，不同意这种考评方式，接着我说了简单而直接的理由，一档节目收视率的高低和节目播出的时间段有很大的关系。

　　比如《新闻联播天气预报》，它处在全国收视最黄金的时段，收视率一定很高。但是比如做早间节目的同事，虽然节目收视率不如《新闻联播天气预报》，但是因为大家早上4点多就得起床，而且节目是直播，整个工作更紧张，身体上也更辛苦，应该要考虑到这些因素。如果主要以收视率作为考评标准，这显然会让大家以后对早间节目都避之不及，导致人员紧张问题。

　　你看冯叔叔的论据主要有两个：一个说了收视率的高低和播出时段有很大关系，不单单是节目的质量问题；另外一点从反面说到了，如果我们不考虑到做早间节目的辛苦、压力，会导致诸如人员紧张问题等不好的后果。就这正反两点理由，让现场的人都觉得很有道理。

　　当然在说论据时，我们上面提到的金字塔法则，在这里同样适用。用金字塔法则，让大家感觉你言之有理，拥有不一样的思维，你说的话让人愿意相信。

2.拥有创新思维的第二要素:
　抓大放小, 找到事情的本质和核心

（1）凡事多想一步，找到事情的本质和核心

　　那么，我们如何找到创新的思维方式呢？其实创新的思维方式有一些关键的因素，首先你要找到一件事情的关键点。关键点是什么呢？就是这件事情的本质和核心。

　　往往很多事情，它的本质是藏在很多表面现象之下的，所以你在面对任何一件事情的时候，要比别人多深入思考一步，哪怕就是小小的一步，你获得的信息就不一样了。

　　我们说一个和天气有关的生活中的例子。如果你看到一条新闻，说我国山东地区，最近连降暴雨，很多地方好像都积水了、被淹了。

　　面对这条新闻，一般人的想法是那就不要去山东玩了，因为那里最近天气不太好，很多地区还有积水。但如果你能再深一层思考这个问题，那么山东很多地方都是我国的蔬菜产地，

连续降雨，会不会使蔬菜的产量受到影响，产量大大降低呢？那么蔬菜产量大大降低，又会带来怎样的影响呢？

　　从经济学角度来讲，肯定就是蔬菜供给受影响，价格就会升高；如果你是做金融的人，你又会联想到期货市场的一个变化；如果你是做交通运输的人，你会想到这个时候下大雨，蔬菜的运输也可能会受到影响。所以这个时候，如果你是做运输行业的，你会想到在相应的领域，去寻找一些机会。

　　同样一件事情，不同行业的人，思维角度不一样。有的人可能只把这件事当成一个新闻来看，并没有想这么多；但如果你再深入思考一下，或者结合你的行业去思考一下，可能这个并不是很好的新闻，就变成你寻找商机的机会了。

　　另外在经济学里，还有一个被传诵了很久的例子，那就是口红效应。它主要说的是，因为当前的经济并不好，反而导致口红空前热卖，这是一种非常有趣的经济现象，同时也叫作低价产品被人偏爱效应。

　　据经济学家研究，在美国，每当经济极为不景气的时候，口红的销量反而会直线上升。因为在经济不景气的时候，人们不敢进行大额度的消费，买大件的商品，他们十分强烈的消费欲望会落实到一些低廉价格的商品上，这就是口红效应带给大家的思考。

　　如果你跟大家一样，只是在那自怨自艾经济不好、怎么怎么样的时候，你会浪费和错过很多机会；如果这个时候你拥有创新思维，你会深入发掘这个事件背后的本质，你会发现像口红这样的廉价产品，销量会增加。根据这个判断做出决策，你就会先人一步，成为具有创新思维的人。

（2）把复杂的事情变简单，抓大放小

另外，拥有创新思维还要具备一项能力，那就是学会把复杂的事情变简单。你首先要学会抓大放小。当一系列杂乱无章的事情同时出现在你面前的时候，你要学会分辨最主要的事情是什么，或者目前最紧要的事情是什么。

如果有几件事情同时出现在你面前，一件是又紧急又重要的事情，另一件是只紧急不重要的事情，还有一件是重要不紧急的事情，你怎么进行一个排序呢？

当一堆事情同时而来的时候，往往你就失去了分析问题的冷静和理智。所以我们要学会在一堆事情中，找出那个又紧急又重要的事情，率先把它解决，其他的事情先放在一边，学会有主次之分。

这就是拥有创新思维的另外一个要素，就是抓大放小，选择主要，放弃次要。

3. 拥有创新思维的第三要素: 用好定义法则, 理智做决策

（1）已经发生的事情，就不要再考虑了——"沉没成本"

具备创新思维，还有一个非常重要的素质，就是用好定义

法则。什么是定义法则呢？就是我们生活中遇到的事情，大大小小很多很多，往往我们在不理智的时候，很难找到一个真正的归类或者有一个参照。而具有创新思维的人，很善于给生活中的各种事情找到一个定义，把它们归类在一起。

比如你在一家公司已经待了七八年的时间，但你根本就不喜欢这份工作。然而你在做决策的时候，你会想，我在这儿待了七八年，我的青春消耗在了这里，我付出了辛劳，你往往会因为这些因素，干扰你的决定。

那么具有创新思维的人，他会怎么做呢？他一定会去想，已经发生的事情，就不要再考虑了；这事已经过去了，再想也没用，不要让已经发生的事情，牵绊住自己的脚步。这是经济学里的一个原理，叫作沉没成本。

当你意识到这样一个定义法则之后，它就是我们经济学里被无数经济学家验证过的沉没成本，好，果断"咔"掉，我不干了，我辞职，我换工作，找一个自己喜欢的、能创造更多价值的工作，而不要为过去的一些事情影响了自己的决定，这就是一个会用定义法则做决策的人。

（2）锚定效应：去除占便宜心理

再举一个我们购物的例子。比如你看上了一款产品，但是它很贵你舍不得买。有一天你去商场，发现这款产品的吊牌上写了一个很高的价格，但又把它划去了，在旁边写了一个相对很低的价格。这个时候，你想本来是这个价格，为什么降低了呢，我要抓住这个机会，就买了。买回来之后，你还是很心疼花了很多钱。

在北京大学光华管理学院的 MBA 课程里有一门是管理经济学的必修课，这门课将微观经济学里的很多定义和生活、工作中的商业环境结合，用实例来解释这些经济学原理。

其中有一个经济学原理叫锚定效应，就是商家先给你设定了一个价格，让现在的价格和以前的价格去进行对比，让你在心理上无形中会感受到，原来是那个价格，现在降了，自己占了便宜而去购买。这时你在消费的时候，就不理智了。锚定效应是商家最常用的营销手段之一。

这种不理智，就影响了你的决策；但如果你会用定义法则，知道锚定效应这个经济学原理的话，你就知道这是商家促销的一个手段。

其实类似的例子还有很多。比如商场的打折促销季等等，实质上，他们也就是把原来想卖的价格稍微提高一点，再进行一个打折促销。所以如果你会用定义法则定义生活当中的一些事情的话，你在做决策的时候，就不会受到影响，就会更加理智。

三、跟主持人学提问和倾听的技巧

说完了创新思维、意见领袖，我们再说一说主持人必备的另外一个素质，那就是提问和倾听。其实关于提问和倾听，我们在前面的内容中也有所涉及，在这里，冯叔叔专门拿出来，再进行一个总结，因为提问和倾听是有效沟通非常重要的技能。

1. 开放式提问, 让彼此熟悉起来;
　集中式提问, 准确掌握对方信息

那么我们在聊天过程中如何提问呢？其实提问的方式，主要有两大类：一类叫作宽泛式提问，也叫开放式提问；另一类叫集中式提问，也可以叫作闭合式提问。

（1）开放式提问

这一提问方式往往用于我们刚刚进入谈话场的时候。这时候大家并不熟悉，还有一些紧张，我们要找到谈话的节奏。你可以问一下对方，最近工作怎么样，工作有哪些内容，你今天是怎么来的，路上的路况怎么样，去哪儿旅游了，旅游景点的情况怎么样，跟我们描述一下……

这类比较宽泛的问题提出之后，回答者往往会侃侃而谈，说的内容比较多，这样可以让大家很快地熟悉起来，进入谈话场。同时你也可以通过对方的回答，对他多一些了解和认知，为下面的聊天做准备。

（2）集中式提问

所谓集中式提问，就是提闭合式的问题。你问的事情，对方往往回答是或者不是，或者给你一个准确的答案，对方的回答一定不会太多。

集中式提问或者闭合式提问，通常用于你想要完全准确掌握对方信息的时候。比如你问他，关于这款产品，你到底喜不喜欢？你的爱好是什么？你的工作内容是什么？这些准确的问题回答，便于你直接了解对方真正的喜好和信息。

所以宽泛式提问和集中式提问，是两种不同类型的问话，用于不同的地方。

2. 提前对客户进行了解，千万不要问千人一问的问题

说完了以上两种提问方式，我们再说一说，当你和客户进入顺畅谈话的时候，我们该如何提问？

这个时候的提问，是有针对性的，很重要的。因为我们在和一个客户聊天推广我们产品的时候，一定会提前对他进行了解，这是我们要做的准备工作。在这轮提问中，之前的准备就显得非常重要了，千万不要问千人一问的问题，一定要因人而异。

我们准备的一些资料，在这个时候就可以派上用场了。比如你对这位客户提前进行了了解，他是做金融行业的，他的特点是什么，他的家庭结构是什么，有几个孩子。你了解了这些问题，这个时候，你就可以进行有针对性的提问。

因为之前你和客户的聊天已经很顺畅了，所以在这个时候，**把你准备的问题抛出来，有针对性地问他，他会觉得"看来你对我很了解"。这样的提问，就会获得对方的认同感。**

3. 提问要简短精练，
　　善于察言观色，根据客户的现场状况提问

　　另外，我们在和客户交流的过程中，提问这个环节，千万不要提冗长的问题。比如当你要花很长的时间，去描述这个问题的时候，客户哪有心思听那么多，所以问题一定要简短精练。

　　同时在和客户的交流过程中，要学会察言观色，深入观察，不要盲目提问。比如你刚刚见到这个客户，你看到他很疲惫，这个时候，你先给他倒杯茶，问候一下他是不是昨天加班到很晚。这种问题是根据他当时的状况进行的提问。这样的互动，让他觉得你是一个很真诚的人，并不是一个套路多多的人。

4.倾听：不光要自己说，学会听别人说同样重要

　　说完了提问的法则，我们再来说一说倾听。其实倾听在我们的沟通中，也是非常重要的。**一个好的聊天，不仅要有提问、有交流，而且还要有倾听。你不光要自己说，还要学会听别人说。**

　　学会倾听有几个非常重要的作用。

　　首先，倾听是表达你的关注、关心，表达好感，拉近你和说话者距离的一种方式。

　　任何一个人在说话的时候，都希望有听众；如果你是一个认真倾听的人，一定会增加对方对你的好感。那么倾听的第一

个作用，就是表达好感、友善。

倾听的第二个作用，就是从对方的聊天中、谈话中获取信息。

我们在和对方聊天的过程中，通过听对方讲什么，我们可以获取信息，了解这个人的特点、他的个性，以及你想了解的其他一些内容。所以倾听是获取信息最便捷的方式。

倾听的第三个作用，就是作为延续谈话内容的一个依据。

当你通过倾听获得了一些信息之后，在接下来的聊天过程中，你接下来的提问就可以通过你倾听到的内容加以延续了。一个不大会倾听的人，他是很难得到大家的喜欢的。

另外，你在倾听对方说话的时候，眼睛一定要看着对方，因为这是一种尊重的表现。同时，根据对方说话的内容，你要及时给予一些回馈。听完之后，你要通过一些简短的语言，回应这些话，对方才会知道你是真的在听。

有共鸣、有回应的交流，才是有效的、有意义的，千万不要一直在倾听而没有回馈。当然，当对方有一些话没有说完的时候，不要打断对方的话，千万不要着急，倾听要有足够的耐心。

四、跟主持人学随机应变的智慧法则

说完了倾听，再给大家分享主持人必备的另一个素质，那就是随机应变，打破僵局。其实作为主持人，我们在主持很多节目的时候，往往会有一些突发情况，这种情况的出现，是需要你有非常强的应变能力去处理的。

1. 随机应变第一法则: 亲近法则

比如有一次，冯叔叔在主持一场晚会的时候，有一位嘉宾，他是要登台发言的，但是因为飞机晚点，他直接从机场赶到会场，所以穿得非常休闲随便。要登台发言了，他自己也感到非常不好意思。

冯叔叔在他讲完之后，要登台进行一个总结。因为服装问题，那位嘉宾比较尴尬，冯叔叔这时候要为他圆场，冯叔叔就说：非常地抱歉，因为飞机晚点，某某嘉宾没来得及换衣服就来到了现场，但他依然为大家带来了精彩的发言。不过从某种程度上来讲，他敢于在衣着比较休闲随便的时候登台，也证明他没有把大家当外人，大家都是自己人，所以自己人、朋友见面，穿得舒服轻松就好了。

这就是冯叔叔的随机应变，为那位嘉宾进行了圆场。所以随机应变的第一个法则，就是亲近法则。当我们遇到突发状况的时候，我们的话语可以往更亲密的方向说。因为大家是朋友、熟人，往这个方向引导，就可以化解一些危机和矛盾，这就是随机应变的第一个法则：亲近法则。

2. 随机应变第二法则: 自嘲解围法

随机应变的第二个法则是什么呢? 冯叔叔归纳为自嘲解围法。就是当你遇到一个尴尬局面的时候, 很尴尬, 怎么打破僵局呢? 那就自嘲呗, 就说自己, 拿自己打趣呗。当你敢于自嘲的时候, 谁还记得刚才的尴尬呢?

比如有一次, 冯叔叔去参加一个活动, 活动的主办方有点粗心, 弄错了我的名字, 把特殊的"殊"写成了书本的"书", 出现在了大屏幕上。这时候轮到我登台发言了, 大屏幕上出现的我的名字是错的, 挺尴尬, 也有人看出了这一错误。

那么冯叔叔拿到话筒之后的第一句话是怎么说的呢? 我说: 我的名字虽然是特殊的"殊", 但我也很喜欢书本的"书", 因为我在过去的日子里, 也很喜欢看书, 我很希望自己成为一个善于阅读、喜欢阅读、能够通过阅读增长知识的人, 所以这个"书"字, 我也收下。这就是典型的用自嘲式的幽默化解尴尬。

你看冯叔叔成功地通过"书"说出了自己的一些心愿和想法, 并且也表示这个"书", 我也喜欢, 也笑纳, 这是不是化解了主办方的尴尬呢?

3. 随机应变第三法则: 巧用问话

随机应变的第三个法则, 就是巧用问话。

其实我主持的很多活动, 都在舞台上出现过大大小小的一些尴尬，特别是和搭档一块儿主持的时候，有的时候你有可能会忘词，忘了流程；还有一种情况是你的搭档可能会忘词，忘了流程。在这种情况下，你和搭档怎么互相帮助，帮他补台，这就需要随机应变的能力。

一般情况下，在舞台上主持的时候，搭档如果忘词了，你可以用两种方式来帮助他。第一种就是他的话，你帮他说了；第二种方法就是你可以通过提问，让他想起这个词。

有一次冯叔叔在北京大学光华管理学院，主持一个校内活动的时候，我的搭档当时就忘了下一个环节要请上一位师兄，来介绍一下活动的流程。这时候，冯叔叔就通过提问的方式，让他想了起来。

冯叔叔当时就说：某某某，是不是我们接下来还有一件非常重要的事情要做，要请上一个很重要的人？冯叔叔这一问话，起到了提醒的作用，我的搭档瞬间就反应过来了，非常机敏地接上：哎，你说对了，接下来让我们请出谁谁谁，来进行这个环节。你看这就是巧用提问，解决了舞台上的尴尬。

当然生活中，这种尴尬也同样可以用提问的方式解决。比如你和一个同事相约去找领导，你们之前也说好了，你们要跟领导聊一些什么内容，你主要汇报哪些工作，他主要汇报哪些工作。

但在汇报的过程中，大家天南海北地聊，可能就跑题了忘了。这时候，你要拉回话题，那你就得用提问的方式，来提醒一下你的搭档，比如你可以说："那天，我们是不是去了某个地方，有一个很重要的发现呢？"你可以这样问他。他这样被你一点，他就知道，他该给领导汇报那天那件事情了。这种时候，你就用问话，化解了对方忘词的尴尬。

4. 随机应变第四法则：成功转移话题

随机应变的第四个法则，就是成功转移话题。有时候，我们在人际交往中，会遇到很多尴聊的情况，比如你说了一件对方并不想听的事情。

前面，冯叔叔举过一个例子，在一次聚会上，一个刚刚辞了职的朋友心情非常不好。在聚会中，一个不明情况的朋友看到他就问："你们公司最近怎么样？我刚才在广告牌上看到你们的产品，真的很棒。"这个时候，那位朋友很尴尬，因为他不想让这位朋友知道他辞职的事。

那么你作为一个在场的人，怎么帮他化解这一尴尬呢？那就是转移话题，你可以说他们那个产品，确实还不错，不过最近我看到另一个东西，觉得也挺好的，就把话题给转移开了。

这个时候，帮人转移话题，帮人化解这种尴尬的局面，是很重要的一件事情。所以学会转移话题，也是随机应变非常重要的法则。

总结

跟主持人学会说话的四大必备素质

主持人必须具备的几项素质，在生活中，如果你也具备，你同样会成为一个懂沟通、会说话的人。下面，我们总结一下，我们需要跟主持人学哪几项必备素质。

第一个是说话要言简意赅。说话不在多，在于时机，在于说话的场合和地点。除了朋友闲聊之外，我们和领导聊天也好，和客户聊天也好，一定要语意精准，不说废话。你的话语中，要有一些关键词可以提炼，通过一个点向下发散，让你的话语更体系化。

第二个就是要具有创新思维，成为意见领袖。在一个集体中，你要敢于表达自己的观点。当你和别人的观点一致的时候，你要敢于认同，对他的观点进行补充，用另外的论据去充实他的观点。当你的观点和别人的不一致的时候，你也要敢于提出反对意见。另外我们想要具有创新思维，还需要做事情抓大放小，要看透事情的本质，要学会用定义法，这些都是我们用创新思维说话所必备的一些素质。

接下来我们还说了提问和倾听。提问分为开放式提问和集中式提问，这两种提问在不同的情况下使用，会有不同的效果。另外，倾听可以表达友善，可以获取信息，可以使话题继续，因为倾听是信息的来源。

最后我们提到的跟主持人必学的素质，就是随机应变。随机应变有以下几个法则。第一个随机应变法则叫作亲近法则，就是凡事往亲近了说。因为大家相处融洽，把对方当成朋友，所以才可能会出现某些尴尬。第二个就是自嘲式幽默。就是当出现尴尬情况的时候，说自己、开自己的玩笑，对方就会忘了之前的尴尬。

第三个法则是巧用问话。当你的朋友、伙伴忘词的时候，忘记要说什么的时候，你可以用提问的方式来提醒他。第四个随机应变法则就是话题转移法。当遇到尴尬情况的时候，你可以用智慧成功地转移话题，让现场不那么尴尬。

不懂时保持沉默
会显得比较聪明

CHAPTER

13

经典中代代相传的
说话之道篇

- ◎ 菩萨的说话之道
- ◎《庄子》中的说话之道
- ◎《论语》中的说话之道
- ◎《墨子》中的说话之道
- ◎ "贵言":《中论》中的说话之道
- ◎ 成语中的说话之道
- ◎《格言联璧》中的说话之道
- ◎《菜根谭》中的说话之道

最愤怒的时候
也要忍住最伤对方的那句话

一、菩萨的说话之道

1. "不妄语"

在佛家思想中，未见言见、见言不见、虚伪夸张、藉辞掩饰，皆为妄语。生活中的八卦，挑拨离间、搬弄是非的语言，恶毒攻击的语言，都是妄语。

不说妄语，是我们做人的一个基本要求和底线。

除了不妄语，在生活、工作中有的事可做不可先说，有的事可做不可说，还有的事不可做也不可说。

比如工作中很多事情在没有完成之前，不要到处宣扬；过早宣扬反而会给自己挖坑，增加工作的压力。自己默默努力奋斗，达成了目标，取得了一些成绩，也没必要到别人那里去炫耀，否则会让人觉得你轻浮，还可能招来嫉妒。违背原则，损人利己的事，不可说也不可做。

生活中，这样的人值得你珍惜——有的人借给朋友钱，还为朋友保守秘密，照顾朋友的面子；有的人知道朋友之间的一些纷争，但他从来不对其他人提起；有的人默默帮助别人，给人恩惠，但从来不炫耀这些。这些都是言行"靠谱"的体现。

2."利刃割体痕易合，恶语伤人恨难消"

我们用刀留下的伤口，过些日子就会愈合；但是如果是出口伤人说出的恶语，有可能给人带来一辈子的伤痛。

我记得上小学的时候，班里有一位特别胖的同学，班里很多调皮的孩子都喜欢嘲笑他，还给他起了个外号叫"肥头儿"，这个外号伴随了他很久。有一天这位同学突然不来上课了，后来我们才听说，他因为受不了同学们说他是"肥头儿"，转学走了。

现在想来当时的这个外号，甚至可能给这位同学造成一生的心理阴影，让他的整个人生都处在不自信中，甚至可能害怕和群体接触，这些影响都是一辈子的。

引起热议的电影《少年的你》给大家留下了深刻的印

象，校园霸凌不仅是肢体上的，语言上的霸凌有时候更加残忍。所以，**即便我们不能每句话都是善言，但伤人的话一定不能说，这些话会带给对方难以想象的伤痛。**

恶语不仅可能伤人，还有可能给自己带来灾祸。

明朝开国皇帝朱元璋，少年时生活窘困，常和一些穷孩子一起放牛砍柴。后来，朱元璋做了皇帝，从前的穷朋友都想沾点光，弄个一官半职，于是，有两个人结伴去京城找他。

见到朱元璋后，一个人先开口："还记得我们一起割草的情景吗？有一天，我们在芦苇荡里偷了些蚕豆，放到瓦罐里煮。还没等煮熟，你就抢豆子吃，把瓦罐都打破了，豆子撒了一地。当时你抓了一把就塞到嘴里，不小心被一根草卡住喉咙，卡得你直翻白眼……"

听他在那儿喋喋不休讲个没完，宝座上的朱元璋坐不住了，当即下令把他推出去杀了。

朱元璋又问另一个人："你有什么要说的？"

那人连忙答道："想当年，微臣跟随陛下东征西战，一把刀斩了多少'草头王'。陛下冲锋在前，抢先打破了'罐州城'，虽然逃走了'汤元帅'，但逮住了'豆将军'，结果遇着'草霸王'挡住了咽喉要道……"

朱元璋听了，顿时心花怒放，随即下旨封他做了将军。

二人所说的内容完全一样。但后者把朱元璋小时候偷东西吃的逸事，用比较隐晦的方式表达了出来。当事人听了，彼此心照不宣；而局外人听来，则是在描述朱元璋当年金戈铁马的生涯。

同样一件事，换一种方式用婉转的语言表达，在对方听来就完全不一样，得到的结果也不一样。 如果说话的方式不当，就算是一件令人高兴的事，可能也会弄巧成拙。所以，一个人不能想什么就说什么，要三思而言，拿捏把握好分寸。

3.“口中若出言，当视他人脸”

藏族有句谚语：“口中若出言，当视他人脸。”字面意思是：和别人说话时一定要看着别人的脸。展开解读就是：**在说话的时候一定要顾及别人的感受，话说出口之前一定要多想一想，别人能不能接受，或者会不会触碰到别人的底线。**

2014年，我和腾讯公益一起发起了“和冯殊一起去支教”的活动，我到重庆合川蓼子村小学支教一周，给孩子们上课，他们的父母都在外地打工，都是跟着爷爷奶奶生活的留守儿童。

有一件让我印象特别深刻的事：在我给孩子们讲第一堂课的时候，我习惯性地问孩子们，你们的爸爸妈妈在哪儿打工啊？结果其中一个孩子听到这句话，竟然哇的一声哭了起来，边哭边说爸爸妈妈在深圳打工，好远……

后来其他同学告诉我，这个孩子的父母已经两年没回家过春节了，他每天都会问外公外婆，爸爸妈妈什么时候回来。听到这些话，我内心无比自责，因为我说话时没有经过思考，想当然地把"问孩子父母在哪里工作"作为一个拉近距离的方式，结果没想到竟然会触碰到孩子心中最伤心的角落。

这件事让我永远不会忘记，以后面对每个不那么熟悉的人说话时，我一定会谨慎，先了解清楚他的情况再深入交流。

二、《庄子》中的说话之道——"六合之外，圣人存而不论；六合之内，圣人论而不议"

1."六合之外，圣人存而不论"

"六合之外"，就是指前后、左右、上下，其代表的是我们生活的空间。这句话的意思就是：只要是世界上已经发生的事情，我们就承认并接受它的存在，而不去评判是非对错。我想起一句话叫"存在即合理"，说的也是这个道理。

这个世界本来就是多元的，这种多元体现在方方面面。对于人而言，每个人的成长环境各不相同，遇到的人也不一样，因此我们每个人对同一事物、同一个人的判断也会不同，把自己的认知强加给别人显然是不合适的。

而"圣人"或者说所谓圣人的境界，就是对一样事物，只是看着它、知道它，但不加以评判，尊重它的存在，这就叫作"圣人存而不论"。

　　还想和大家分享一个词——"接纳"。前面我们在说和同事沟通的时候，说到了接纳。其实"接纳"也是一种心理的状态和认知在生活方方面面的体现。

　　因为物以类聚，大多数人喜欢和自己类似的人交往，觉得容易沟通，但其实我们在生活中遇到的大部分人是和我们不一样的。**能够处理好和我们不一样的人的人际关系，才是你的工作、生活能够上一个台阶的重要因素。**

　　如果一个人只是和与自己相处舒服的人打交道，他的朋友圈势必不会扩大，也很难接受一些新东西。因此在心里"接纳"那些和你不一样的人，用平和的心态和眼光看待他们，并试着与之相处，才能拓宽你人生的边界。

2. "六合之内，圣人论而不议"

　　"六合之内，圣人论而不议"，就是说在天地四方之内的事，圣人只是说出它，并不议论它。

　　其实可以这样延伸理解：面对我们知道的领域、了解的事情，我们可以告诉别人，与人分享，但是不会主观评判对错。这其实也是说**要客观、平和地看待一样事物，不要戴着有色眼镜和自己的主观论断去评论。**

　　你有没有发现，生活中很多人喜欢靠和别人争辩、"怼"别人来获得成就感。

　　有一次，我和一个很喜欢怼别人的朋友喝了点酒，之后长谈了很久。他告诉我，其实他内心并不自信，特别需要存在感和别人的认可，生怕自己说了什么别人不认同，或者和别人持相反观点；如果听到别人不认同自己，他就想和人争辩，甚至怼对方。

　　我告诉他，如果我们每个人内心能做到"存而不论，论而不议"，才是真正的内心平和。内心平和，当然就能有容乃大。

三、《论语》中的说话之道

1. 对于自己不知道的事，君子一般会存疑，不会发表意见——"吾犹及史之阙文也"

> 子曰："吾犹及史之阙文也，有马者借人乘之，今亡矣夫。"

　　"阙"，就是空缺、存疑，有怀疑的东西、不能确定的地方。孔子说，我看到史书存疑的地方，自己没搞清楚，就不去写，空在那里，等后人去搞清楚。而不是自己猜测或想当然下结论，以免自己误导后人。有马的人，因为自己不会调教，就把马借给别人骑。这种精神，今天没有了！

　　"吾犹及史之阙文也"是孔子一贯的态度，就像"知之为知之，不知为不知，是知也"。《论语·子路篇》中也写道："君子于其所不知，盖阙如也。"就是说君子对自己不知道的事，一般会存疑，不会发表意见。没搞清楚，就不要乱下结论，不要随便说，不要觉得你说不出来就没面子，不要为了藏拙而为自己的话打圆场。

不是每个问题都需要回答，回答不了的，就诚实地说我不知道。

生活中很多人以为自己无所不能，金融、政治、传媒、科技，以为自己对每个领域都很擅长，对每个领域的事都要评头论足一番。在聚会中其他人聊到自己擅长的领域和工作时，他也要辩驳，以表现自己的博学。这样的人在生活中并不少见，不过应该不受欢迎。

聚会中、饭桌上，要尊重他人在其所在领域的专业能力，当然可以对别人说的产生质疑，但是在不确定之前不要反驳。如果自己求证后，证明自己的质疑是对的，可以私下切磋提出，这才是君子所为。

记得有一次，我主持一个和气候变化相关的论坛，现场的专家有院士、研究员、高级工程师、教授，业界的各类专家会聚一堂。论坛主持到交流环节的时候，一位记者向一位院士提出了关于气象卫星监测的相关问题，这位院士在简单说了几句自己的理解之后，后面的话让我至今难忘。

一位老者，在这个行业可以说是泰斗级的人物，面对记者的这个提问，他十分谦虚地说："关于这个问题，很遗憾并不是我研究的领域，对于科学以及未来的预测，不能凭自己在其他方向研究的知识来臆测或者推断，我个人觉得现场的另一位专家，他的研究方向可能更符合这个领域，这个问题你应该问一问他。"

一位学富五车的院士，如此坦诚而严谨地面对学术，不怕当着众人的面承认他并不知道的东西。比起那些什么都能蜻蜓点水滔滔不绝地分享，可仔细听来却没有营养的一些所谓专家，这位院士更让我们敬重。

2. 少说话，选择合适的时机说话

沉默是金这个词每个人都很熟悉吧，它其实出自《论语·为政篇》。子曰："多闻阙疑，慎言其余，则寡尤；多见阙殆，慎行其余，则寡悔。言寡尤，行寡悔，禄在其中矣！"意思就是有怀疑的地方，就保留；知道的部分，也要谨慎地说，这样就能减少错误。

沉默并不代表不说话，而是少说话，选择合适的时机说话。大家都七嘴八舌、环境嘈杂的时候我不说话；别人都在一边倒地议论一个人的时候我不说话；所有人都讨好、赞美一个人的时候我也不说话。

沉默有时候也是一种态度。当别人有求于你，你却无法帮助他的时候，沉默是一种无奈的回答；当面对你并不喜欢的人时，沉默是一种相处之道；当一段感情被迫结束时，沉默是对彼此最好的祝福……

沉默是金，我太喜欢这个词了。有时候不说话，或者只是一个字、一个词、短短一句话，蕴含的内容和情感反而更让人动容。

现实中，当你想结束与你并不喜欢的人的聊天时，他说的一句话，你就当成最后一句，同时沉默，或者只回复一个简单的表情。

当别人问起一个你并不喜欢的人怎么样的时候，往往不回答就是最好的回答。

工作中，遇到领导因为误会错怪你的时候，**有时选择暂时沉默反而是最好的解释，因为这世界的一切人和事都是日久见人心，**就像那句这几年传遍网络的话"活久见"。一切不要急于马上解释，让时间告诉大家答案。

我们经常在某些偶像剧里看到这样的剧情——女主角身患绝症，不久将离开人世，但是热恋中的男主角并不知道事情的真相，女主角为了不让男主角伤心，说自己爱上了别人要分手。男主角痛苦万分，激动地给女主角打电话，一次次被挂断，最后发出一条伤心的短信："你真的不爱我了吗？"女主角强忍悲痛，回复只有一个字"嗯"。电话的那头看不到女主角泪流满面的样子，这个冰冷的"嗯"就像千万把尖刀刺向男主角的心。

　　虽然这样的剧情，从小到大我们不知看了多少遍，但每每看到，我们还是忍不住落泪，这个几乎沉默的"嗯"，包含了太多的无奈、心酸……

　　有时候，沉默是最好的语言。

3."君子不辩诬"

　　　　子贡曰："君子之过也，如日月之食焉：过也，人皆见之；更也，人皆仰之。"

　　这句话的意思是，子贡说：君子的过失，就像日食、月食一样，当他犯错的时候，所有人都看见了；而他改正错误时，所有人都仰望着。

　　浓缩起来就是"君子不辩诬"。

　　君子如果做了什么错事，不会刻意去掩饰，因为君子的内心坦荡，犯了错误不狡辩。你如果敢于承认这些错误，自我反省，反而更让人尊重。

　　有一次我主持一场政府的晚会，因为我的疏忽，把参加晚会的一位重要领导的名字漏掉了。当时这位领导比较尴尬，如果我当什么都没发生，显然不太合适，这会让整个活动的策划部门难堪。

　　当时我选择在下一个环节单独提及这位领导，并主动说出是我的疏忽，我没有想到这位重要领导在如此繁忙的工作之余还能出席这场活动，说明领导对这场活动真的十分重视，让人感动，再次对这位领导表示了感谢和欢迎。

为什么我要这么说，并且承认是自己的失误？换位想想这么重要的活动，漏掉介绍出席领导或嘉宾的名字，会给主办单位造成尴尬。如果我当什么都没发生，嘉宾心里会不舒服；如果我在下个环节只是补充介绍了，或者以其他方式圆了场，也许大家会误认为是主办方的名单有错误，不一定是主持人的错，这样会给主办单位带来不好的影响。

这个时候，只有主持人自己勇敢承认错误，才不会产生连带影响。这样做，虽然别人会觉得这个主持人不那么优秀，但从大局来讲，大家对主办方或者工作人员是理解的。这就是君子不藏拙，我们一切坦荡荡。

4. 一家人，凡事都好商量："事父母几谏，见志不从，又敬不违，劳而不怨。"

> 子曰："事父母几谏，见志不从，又敬不违，劳而不怨。"

这句话大致的意思是，侍奉父母的时候，见到父母做得不对的地方，要委婉地劝说，千万不要和父母直来直去；如果父母不采纳你的意见，还是要对他们恭恭敬敬，以诚恳的态度反复去请求。

　　唐太宗李世民年轻时，天下大乱，他常陪同父亲李渊一起打仗。

　　一次，李渊决定连夜拔营，攻打另一个地方。李世民从各方面分析后，认为敌方可能有埋伏，此举难以成功，就再三劝阻父亲。父亲不采纳他的建议，眼见整个军队就要拔营了，李世民就在军帐外面号啕大哭。李渊见儿子哭得那么伤心，分析的道理又比较中肯，于是及时停止了进攻行动。

　　所以，**对于父母的错误，子女应想方设法温和劝谏；如果父母还是不能理解，你可以用行动去说服他**。这样，父母很可能为之动容而接纳你的建议。如此，既保全了父母的名声，也尽了自己孝顺的本分。

　　和父母沟通是建立在爱的基础上，因为心中对父母的爱，你的话语、行为都会让他们感受到这份爱，不能因为一时着急就在言语上顶撞父母。其实往往我们和父母争吵后，第二天回想起来都会后悔，因为没有控制管理好情绪而造成了对父母的伤害。

　　给父母提建议一定牢记这两个关键词：爱、情绪。心中充满爱，并且有一个好情绪，一家人凡事都好商量。

四、《墨子》中的说话之道：话要说得契合时机

《墨子》中有这样一段记载。子禽问曰："多言与少言，何益？"墨子曰："蛙与蝇，日夜恒鸣，口干舌擗，然而不听。今观晨鸡，时夜而鸣，天下振动。多言何益？唯其言之时也。"

子禽向老师墨子求教："多说话有好处吗？"

墨子说："癞蛤蟆和青蛙，白天晚上呱呱叫个不停，却没有人听它们的叫声，反而当成一种噪音。而雄鸡在黎明准时打鸣，这时候人们就知道要早起了。你想想这是什么道理呢？所以，**多说话没有什么好处，关键是话要说得契合时机。**"

五、"贵言"：《中论》中的说话之道

东汉末年，建安七子之一的徐干，写了一部有关伦理及政治的论集《中论》，其中专门有一篇叫《贵言》：君子必贵其言。贵其言，则尊其身；尊其身，则重其道；重其道，所以立其教。言费则身贱，身贱则道轻，道轻则教废。故君子非其人则弗与之言……

《贵言》中说的这些，通俗点来说就是：君子不轻易说话，要慎重自己的言辞。慎重自己的言辞，自己的地位就会被抬高；人们敬重你，就会遵从你的道义。如果随便乱说话，人们就会

看轻你。

　　也就是说，**一个正直的人，他说的每一句话、每一个字，都是真实的，都有依据，都有所指，都很明确，都有用。**

　　同理，我们在生活中发朋友圈也要注意。朋友圈里的人大部分都是认识的朋友，可能平日你们见面不多，朋友圈里的信息几乎算是见字如面了，因此你的文字很大程度上决定了别人对你的看法。

　　所以我们发朋友圈的时候，要有自己的原则，如果我们能做到"贵其言"，**把朋友圈的文字当成与人的正式沟通、交流，每个字词都经过深思，不妄语，这样大家就可以建立起对你的好印象。**

　　其实我们可以回想一下，生活中那些频繁发朋友圈，恨不得一天发十几条，什么烦心事都说的朋友，你在心里对他的看法到底如何呢？

六、成语中的说话之道

1."守口如瓶"：为别人保守秘密既是一种善良，也是一种品德

　　"守口如瓶"是一句成语，意思是闭口不谈，像瓶口塞紧了一般，是指为别人严守秘密。冯叔叔特别喜欢这个词，有时候为别人保守秘密既是一种善良，也是一种品德。

我们想象一下下面的场景：

你在生活中遇到了一些烦心事，于是找到一位很信赖的朋友向他倾诉。但是你并不想让其他你不是很熟悉的人知道你的这些秘密，这时候你可能会对这位朋友说：这事儿千万别告诉别人啊，我只跟你说了。

后来有一天你突然发现，你的这个"秘密"在朋友们那里已经成了尽人皆知的"秘密"，别人看到你会莫名其妙地笑，或者投来异样的眼光。在满是疑惑中，你终于在公司茶水间听到一位同事正对另一位同事说你的秘密。

你很生气，跑去质问那个你信任的朋友，结果他委屈又尴尬地说：那天我喝多了，一激动，就告诉了谁谁。

你再三叮嘱他不能说，他怎么这样呢？

这样尴尬的场景，生活中你一定遇到过吧。也许那位听你倾诉的朋友真的是喝多了一时口快，也许他告诉的是他无比亲近的女朋友，但流言就在一个传一个中，无意间变成了人尽皆知的秘密。

其实，**帮人保守秘密，管住自己的嘴，对很多人而言是一件非常不容易的事，某种程度上说这需要修行。**

确实，人都需要用交流来释放情绪，传递情感，并获得一定的满足感；而且每个人都有好奇心，对于别人的秘密、新鲜的事物，都有兴趣想了解。在这种双向需求下，有时候保守别人的秘密就成了一件很难的事。

但是你想想，别人信任你才告诉你他的秘密，这份信任也是一份沉甸甸的责任。不要因为一时痛快辜负了别人的信任，给别人带来麻烦。因此守口如瓶也是一个人做人做事很重要的原则。如果你能成为一个真正为别人守口如瓶的人，那么你会发现身边值得交往的真朋友越来越多。

2. "兼听则明，偏信则暗"——会听也是一种会说

"兼听则明，偏信则暗"，意谓听取多方面的意见，才能明辨是非；听信单方面的话，就会分不清是非。

《管子·君臣上》中说："夫民别而听之则愚，合而听之则圣。"

《资治通鉴·唐太宗贞观二年》中说："上（唐太宗）问魏徵曰：'人主何为而明，何为而暗？'对曰：'兼听则明，偏信则暗。'"

会听也是一种会说。生活中，你会发现身边的人中那些人缘好、值得信赖的人，往往不是能说会道的，反而是那些温和、愿意倾听别人说话的人。

在这样一个快节奏的社会中，每个人心中都有无比的压力，而这些压力真的需要倾诉。但真的能够静下来倾听别人说话的人并不多。倾听是一种关心，也是一种付出，倾听更是一种帮助。

倾听的另一方面是听取多方意见，这并不是盲目地听，而是有选择地听，让别人尽情地谏言，放开了说。你分析思考后选择有价值的东西加以汲取，这是非常好的进步方式。

会听，听出话中话，兼听而从中选择精华、去其糟粕，才有辨别能力。

我在主持访谈类活动或录制访谈类节目时，如果不是时间要求严苛，我会在提出一个问题后，让嘉宾把他的观点说完，尽量不去打断他。

有一次，现场导演觉得某位嘉宾说话比较啰唆，并且话语的营养不够，每当那位嘉宾说话时，就提醒我赶紧打断，问下一个嘉宾问题。但因为我知道节目是录播，并且时间并没有严苛到分秒必争，我就自己做主让那位嘉宾说完了自己的观点。

录制结束后我向导演做了解释：第一，那位嘉宾对这个问题有他自己很深的见解；第二，他是长者，应该尊重；第三，那位嘉宾的回答里，后半段很有营养，建议导演仔细看看，可以剪出来作为节目的推广金句。

在这次节目录制中，我首先很尊重这位长者，让他把话说完，并没有粗暴地打断；另外因为兼听，虽然那位长者的话不是每一句都精彩有用，但我们通过选择给节目留下了金句。

有时候，录播电视节目我会选择让嘉宾多说一些，就是这个原因，我们只需要会选择、会取舍就好。

3. "一诺千金"——不轻易许诺，许诺了就努力做到

有个成语叫"一诺千金"，出自《史记》的一个典故：秦朝末期，楚国有个人叫季布，他非常重视承诺，只要是答应了别人的事，无论有多大困难，都会想方设法办到。所以，当时楚国人有句谚语："得黄金千两，不如得季布一诺。"这句话，主要表达了人们对季布信守诺言的认可。

古人以说出来却做不到为耻，所以从不轻易承诺。孔子在《论语》中也说："古者言之不出，耻躬之不逮也。"意思是古人不轻易说话，怕说了以后做不到。

我们平时讲话也要再三思量之后再说，如果经常信口开河，养成了不好的习惯，以后再改就难了。

（1）"盛喜中，勿许人物；盛怒中，勿答人书。"

古人说："盛喜中，勿许人物；盛怒中，勿答人书。"

也就是说，极度欢喜的时候，不要许诺给别人东西；极度愤怒的时候，不要回复别人的书信。

为什么呢？因为"喜时之言，多失信；怒时之言，多失体"。意思是欢喜时说的话，多数难以兑现，容易失信于人；愤怒时说的话，因情绪不好，往往会不好听。

真正有智慧的人，不会因一时兴起就开口许诺，否则，很容易陷入两难的境地。生活中很多人在喝酒之后吹起了牛，谁

都是他的朋友，他什么事都能搞定。更有甚者这个时候他开始许诺别人了，你这个事儿我能办，那个事儿我也能办，等第二天清醒了，你真去问他昨天说的话，他就选择性失忆了。这样的人我相信没有人会把他当成真正的朋友。

（2）守信：一旦答应了别人的事，就要努力做到

生活中我们一旦答应了别人的事，就要努力做到，这是我恪守的一条为人处世的基本准则。

我身边有很多优秀的企业家朋友，我发现他们身上都有一个共同点——守信。

一次我和几位企业家朋友相约一个聚会，大家提前对了各自的时间，选定了一个大家都方便的时候。结果最先发出邀约的那位企业家临时有急事出差去了外地，按理说他可以在群里告知大家，跟大家道歉说聚会需要改期，但这位企业家的做法让大家都很感动。

聚会那天他依然提前赶到恭候大家，聚会完之后他竟然坐最晚一班飞机又赶回出差地，因为第二天他还有和客户的会谈。

当时，我们所有人都说你太见外，真没必要这样。他却平静地说："这不是见外，也不是客气，我尊重每个人的时间，自己人的时间更宝贵。大家为了这次聚会都留出了宝贵的时间，不能因为我的问题，浪费大家的时间，说到就得做到。"

七、《格言联璧》中的说话之道——
"静坐常思己过，闲谈莫论人非"

前面说到了别人的隐私，千万不要到处散播。不光如此，**有些你看不惯别人的地方，也不要随便在他人面前说。**

首先，背后议论他人会让别人觉得你是一个轻浮的人；另外，也许听你说话的人和你正在议论的人很熟悉，这样的议论很容易传到别人耳朵里，得罪甚至伤害别人。

还有一点，每个人都有自己的是非评判标准，每个人未必了解事情的真相，并不是你认为对的就是对的，别人的做法、观点就一定是错的。因此盲目议论他人，并不会让你收获真正的认可。

弘一法师李叔同也曾说："吾每日思己之过都来不及，哪里还有时间批评他人是非？"

那么，如果遇到别人在你面前议论其他人又该如何面对呢？

首先，如果这个人是你的亲人、至交，如果他真的遇到了伤心麻烦的事向你倾诉，需要你给出意见，他这个时候说到别人，你可以根据你的经验判断给出一些建议。

如果这个人压根儿和你没有什么交往，还在你面前议论别人，你完全可以告诉他，这个人我不了解，没有太多交往；或者和他聊另一件事，转移话题，有时候逃避八卦需要打一些"太极"来巧妙化解。

当然，如果遇到别人议论你，或者听到别人说谁谁说你坏话这样的流言时，你会怎么面对呢？当年年轻气盛的冯叔叔一定会选择去质问，可是每次质问之后，我都得不到想要的答案，反而激化了矛盾，增加了误会。所以面对这种事，现在的冯叔叔一定选择前面提到的那个词，沉默是金。调整好自己的心态，内心若能承受千钧之重，你必能够平步九霄云外。

八、《菜根谭》中的说话之道：说话要留口德

> "不责人小过，不发人隐私，不念人旧恶。三者可以养德，亦可以远害。"

这句话说的是平时我们不要责备别人的小过错，不要揭发别人的隐私，不要惦记别人以前对你犯的错误。这三种做法不仅可以培养一个人的德行，还能让自己远离祸害。

憨山大师在《醒世歌》中也讲："休将自己心田昧，莫把他人过失扬。"就是说我们在做人做事的时候，千万不要违背自己的良心，也不要把别人的过失到处宣扬，不要去揭别人的短处。

古人言："骂人不揭短"，因为每个人都有缺陷，都会犯错，如果我们把别人的过错到处宣扬，无疑伤人的同时也会让别人觉得你轻浮。

　　不管什么情况下，人都要学会留口德，就算和人吵架都不要揭一个人的短处。管好自己的舌头，管好自己的情绪。

　　如果因为一时激动或者一时愤怒，说出一些伤人或者影响不好的话，后悔就来不及了。很多名人夫妻，分手后在网络上互相责骂，互揭生活中对方的隐私，看得吃瓜群众都唏嘘感叹：曾经最亲近的枕边人，怎么就成了仇人一般。如果我们能坚守"不责人小过，不发人隐私"的原则，那些家丑，又怎么会外扬呢？

　　同样，"不念人旧恶"也是一个人胸怀宽广的体现。如果说"以德报怨"是一个人做人的高境界，那么"不念人旧恶"则是一个人和自己内心和解的表现。别人之前伤害了你，如果你一直记仇，那么只会让自己不开心；如果你选择忘记和原谅，那么你心里不仅少了一个敌人，之前的那些忧愁和烦恼也会随之散去。

　　学会原谅，学会放下。

九、著名哲学家尼采的说话之道——
　　"重要的事情说三遍"

　　想起一句网络流行语——"重要的事情说三遍"，著名哲学家尼采也曾在自己的文章里有过类似的表达。

"重要的事情说三遍"其实蕴含着深刻的道理。有些人内向、有些人绅士，总觉得提醒了别人、告知了别人的事，别人会记得，所以说了一遍之后，就不再提醒。结果往往遇到别人因为疏忽也好，工作繁忙也好忘记的情况。

其实重要的事情多次重复并不是啰唆，相反这是我们在工作、生活中常用的方法。

每个人每天的工作、生活环境不同，有的人要面对的事情太多、太繁杂，他的大脑中要过滤太多的事情，因此往往会遗漏一些。这时候适当地提醒，一是表明这事真的很重要，二来也表明了你对他的重视。

当然事不过三，提醒太多，也会让人反感，因此我们说话确实需要把握一个度，不可过多，但也不能蜻蜓点水。

庄子在编写故事的时候，往往会把差不多情节的故事反复讲；我们经常看到《金刚经》中把一句话反复讲，把表达同一个意思的故事反复讲，这都告诉我们重要的事情要反复说，当然也要注意度，防止过犹不及。

后记
POSTSCRIPT

也许生活中最快乐的事，
是和熟悉的人放心地说点心里话

　　看着屏幕里 13 万字的书稿，我长长地舒了口气，差点老泪纵横。

　　如果你看完了我前面的文字，我想我们之间的距离应该更近了，所以在最后，我想和看完我这本书的"熟悉的朋友们"说点心里话。第一点是快到中年的我对生活的一点看法，另一点是关于我和说话的一些故事。

　　这些年我养成了一个略微矫情的习惯，在每个岁末年初，总会写下点东西，既总结过去，又种下新一年对自己的希望，就这样一年又一年再一年。就在刚才，我突然特别想把这些年岁末年初时写给自己的寄语翻来看看。

嗯，我看完了，在边看边笑出声的同时，不禁感慨，时间走得真快，好多当年种下的愿望，之后真的如约而至了。比如2017年我希望自己在新媒体端做一些尝试，能够策划出品一些在互联网上有些影响的课程项目，结果在我高中、大学双料同学，著名媒体人春燕的支持鼓励下，经过自己和团队的努力，这些作品如约上线，也受到了大家的欢迎。

我在2018年的总结中骄傲地给自己点了个赞。当然，这其中也有好多N年前的小愿望，竟然到现在都没有实现，与其说是没有实现，不如说是根本没去做。比如我在2011年买了一架钢琴，那一年的岁末我写下，新的一年要弹会至少十首曲子。可惜到了今天，这架钢琴还布满尘埃地站在家里的楼梯角。

再比如N年前的N年前，我还是个英俊懵懂的翩翩少年时（你们姑且捧个场）我给自己的人生提了一个大大的希望，我希望35岁时能够幸福美满地拥有一个家庭，成为一个父亲。可此刻，我已经36岁零N个月了，竟然还独自一个人安静地在书房的电脑前敲着键盘。

That's life，其实这就是生活啊。生活原来如此美妙可又无法预期，它尊重规律，天道酬勤；当你真心为一件事付出、坚持，生活一定不会亏待你。可如果对一件事你不去努力，或者没有用心，你自然也得不到自己想要的东西，这就是生活教会的我们最基本的道理。

可同时，生活又像一个顽皮的孩子，它不会让每一件事都完全如你所愿，因为生活中也有太多不只是努力和付出就可以实现的事。当这些事和你的期望不大一样的时候，也许你的第一反应是失望；可如果你能回过头站在事情的另一面去看，你会得到不一样的体验，这就是生活的 B 面。如果你能接受甚至去体会这些 B 面，我相信你的人生和心灵会更加丰富。尊重生活的规律，又以一颗宽阔的心去看待和接受生活的多元性，你会发现生活中经历的事不管是否如你所愿，你都会从中有所收获。

说完我对生活的一点认知，再说说我自己和"说话"的故事。我是土生土长的重庆人，像川渝这样严重方言区的人民，自古以来就在和自己的舌头打架，"四是四，十是十，十四是十四，四十是四十"在我们口中永远是"四四四，四四四，四四四四四，四四四四四"。

江湖不是有这样一句传说吗，"天不怕地不怕，就怕重庆人说普通话"。我们那个地方的人，说重庆话的时候口若悬河，马云在旁边都插不上话说，可一说普通话，那基本上就任你打骂。而我！从小不是不说普通话，而是我压根儿，就不！说！话！

小时候，我不爱说话，是因为父母在我很小的时候就因为我听话，从来不给他们提要求买东西，不对他们说不，就夸我乖；我就认为顺从的、话少的孩子，才是乖孩子。

记得一次家里亲戚聚会，大家突然发现我不见了。诶，这孩子去哪了呢？然后家里人开启了寻孩模式。结果找遍角落，终于在冰箱边发现我坐着发呆，那时我才六岁。

后来在小学三年级时，我爱上了运动，踢球、跑步、羽毛球样样来，渐渐地性格开朗了很多。运动场上我大喊大叫，身边朋友成群，对于说话我突然有了点肆无忌惮的感觉，也惊奇地发现原来自己这么爱说话；和朋友在运动场的时候，我能嘚啵一个多小时不停。那时的我，第一次意识到原来在自己喜欢的世界里，我竟然这么能说。打开心扉后的我又爱上了讲故事，我身边的伙伴后来都成为了我的故事听众。

但很快，我又不说话了，因为学业压力越来越大。从初二开始大家就被高考的目标指引着，上课说话，老师会点名；下课说与学习无关的话，会被同学打小报告。在那样的环境中，一个话多的孩子一定不是好学生该有的样子。因此我又开始了沉默寡言的好学生模样，直到高考前一年，因为偶然的一次机会，我登上了学校迎新晚会的舞台担任主持人。说实话，那是我人生中第一次正式的主持人经历，可就是这一次，却让生活把我带去了一个我以前根本没有想过的地方——成为一名职业的主持人。

这就是生活的魔力，因为那一次站上舞台，我自己找到了兴奋、快乐、满足，而台下的老师和同学也对我的表现十分惊讶。在连连叫好的同时，一位学长告诉我，北京有一个专门培养主持人的高等学府叫北京广播学院（现中国传媒大学），你可以去试试。就这样，我开始了专业考试的备考准备，我又天天需要说很多话了。但是到现在我都记得十分清楚，那个时候我是幸福的、充满希望的，最后生活也真的没有亏待我。

我如愿考入了北京广播学院（现中国传媒大学）播音系，开始了和一群可能是中国大学生里最会说话、声音最好听的俊男靓女一起学习生活的时光。

说实话，在那么多优秀聪明的同学中开口说话，真的需要一些勇气，而且我是一个有什么就说什么的人，所以很快，我有一个叫"冯二"的外号就传播开了。身边的人对我有一个超级共同的评价——一个说话很直的好同学。

乍一听这个评价，我真以为是在夸我，后来每次看到他们当面说出这个评价时诡异的表情，我终于恍然大悟：呃，原来他们觉得我不大会说话啊，直来直去可能让一些人不舒服了。

后知后觉之后，我开始思考，也第一次意识到，其实与人相处在真心的同时，也需要一些方法。因为每个人的性格还有成长的环境确实不一样，他们能接受的语言方式也完全不同。如果你都以那种只让自己舒服的方式与人交流，自然会让很多人不舒服了。

当我意识到这一点之后，我尝试着改变自己的一些语言习惯，站在对方的角度换位思考一些问题。在真心待人的同时，又在语言上考虑对方的感受，慢慢地我发现"冯二"这个外号"变质"成了夸奖我学习成绩优秀，排名第二了。

毕业了、工作了，生活带给我的经历还在继续，仿佛每一天都有新的思考。这个时候你会发现，小时候你不愿意说话就不说话呗，可长大了，进入社会了，你在生活、工作中有些话不得不说，有些人你也不得不面对。所以这也是我关于说话成长最快的一个时期。

工作后的人生，我也经历了好多让自己难忘的，甚至难堪的关于说话的瞬间。比如2007年第五届央视主持人大赛，在48强晋级赛中白岩松担任我的直接考官，一个关于平民英雄的话题，我想剑走偏锋地评论，却被老白怼得哑口无言的场景还历历在目。那一段比赛的视频，我至今还在不断翻看，现在想来，还好是被中国最会说话的人之一白岩松怼，也就不那么丢人了。这段经历让当时初出茅庐、不知天高地厚的我发现，自己离真正的大师还差十万八千里，虚心、敬畏，是一个人一生都要拥有的品质。

当然，生活中我也看到了身边无数朋友有关说话的感人瞬间。比如我之前的一位邻居大姐，她平时很惯孩子，孩子每天放学回家，在楼梯口就开始震耳欲聋大声呼喊"妈——"，她也早早就打开家门等着孩子蹦跳着冲回家。可有一天孩子放学刚到楼下又开始喊妈的时候，她突然说了一句"坏了"，然后立马放下了手里的扫把，飞快冲下楼梯堵住孩子的嘴，悄悄给孩子说："别喊了，别喊了，隔壁小王的妈妈刚刚生病去世了，你一喊，他会难过的。"在今后的日子里，大姐家的孩子再也没有放学回家时在楼下呼喊过妈。

像这样的经历，身边的人带给我太多太多；而每一次这样的经历，过后都变成了我人生的财富。

其实在我后来的人生中，对人真诚、说话直这个特点依然扎根在我的骨子里，但因为我心里有了换位思考、站在别人的角度去考虑这根弦，即便有时候还是免不了和身边的人有些争吵，但我发现，对我真心的朋友却越来越多。因为他们能真正感受到你的真诚和为他们着想的心。说到这里，真的要感谢那个早早到来的"冯二"外号，它让我在学生时代就提前思考了与人相处需要先为别人考虑些什么。

　　在这个快节奏的时代，可能大家有很多焦虑，或许有些人在自己焦虑的同时也让你感到了焦虑，作为从中学、大学、职场小白这一路走来的近中年大叔，我完全明白成长路上必须经历的烦恼。

　　其实我的人生经历也在不断证明我前面说到的生活带给我们的启示，而写这本书的目的，就是想告诉大家：如果我们可以把生活中必须经历的这些烦恼消化成经验来汲取，也许你的生活就会如你所想的那般灿烂。

　　其实灿烂的人生不光是说出来的，它也需要你完成下面的步骤——回望、思考、总结、探索、汲取、行动。而这一切的过程，说话和沟通都是敲门的那块砖，而且我们除了要和生活中遇到的人说话，我们也要学会和自己的内心对话，知道自己的内心真正需要什么，自己究竟是一个怎样的人，这些都可以通过和自己对话得到答案。

　　千万不要稀里糊涂地走过了一生，还不知道什么事情最让自己兴奋、开心、热血沸腾；也千万不要遍体鳞伤了，伤疤都结了痂，却忘了当初为什么痛。我们一定要多和自己说说话，说着说着你的心也许就打开了。

　　在这本书里，冯叔叔把这些年生活中自己和朋友们经历的一些有趣的、感人的或者值得思考的事情，都整理贡献出来了，它不只是我一个人的经历和经验，希望能对你有所帮助。

在这里真的要感谢水均益、纪连海、郎永淳、许小林、尼格买提、李红、杨柳、马欣、刘建宏、林少、刘媛媛、林莞娟、宋晓阳、红果果、绿泡泡、霍小雷、春燕、刘婧、兆民、李晓东、曾瀞漪、温德光、程一、翟量、朱轶 25 位各界大咖对这本书的诚挚推荐和大力支持。

感谢《你只是看起来很努力》等百万畅销书作者李尚龙作序推荐；感谢著名画家、摄影家、"中国节气申遗画作第一人"二十四节气申遗宣传画创作者林帝浣为本书提供有趣有味的漫画支持；感谢新媒体平台荔枝、千聊、小鹅通、今日头条好好学习、喜马拉雅，对相关线上音频课程的支持。

其实任何说话的方法，在背后都是你看待人和事，甚至是对待这个世界的态度。这个态度就是道。《道德经》里的"道可道，非常道"被无数人解读过，可最适合你的生存之道，很大程度上决定于你的说话之道。灿烂的人生不是千篇一律的，更不是别人眼中的，而是你自己内心真实的、舒服的、充实的人生。好好和自己的内心相处，祝愿各位都有一个对得起自己内心的灿烂人生。

2020 年 3 月 20 日

图书在版编目（CIP）数据

说出灿烂人生：跟著名主持人学沟通 / 冯殊著. --
北京：北京联合出版公司, 2020.4（2020.8重印）

　　ISBN 978-7-5596-3977-6

　　Ⅰ.①说… Ⅱ.①冯… Ⅲ.①人际关系学 - 通俗读物

Ⅳ.①C912.11-49

　　中国版本图书馆CIP数据核字(2020)第026197号

说出灿烂人生：跟著名主持人学沟通

作　　者　冯　殊
责任编辑　徐　鹏
监　　制　黄　利　万　夏
特约策划　春　燕
漫画支持　林帝浣
特约编辑　马　松　安莎莎　张伟超
营销支持　曹莉丽
装帧设计　紫图装帧

北京联合出版公司出版
（北京市西城区德外大街 83 号楼 9 层　100088）
艺堂印刷（天津）有限公司印刷　新华书店经销
字数 220 千字　880 毫米 ×1280 毫米　1/32　11.75 印张
2020 年 4 月第 1 版　2020 年 8 月第 2 次印刷
ISBN 978-7-5596-3977-6
定价：59.90 元